Rudolf Carnap
Untersuchungen zur allgemeinen Axiomatik

Rudolf Carnap

Untersuchungen zur allgemeinen Axiomatik

HERAUSGEGEBEN VON

Thomas Bonk

und

Jesus Mosterin

WISSENSCHAFTLICHE BUCHGESELLSCHAFT
DARMSTADT

Einbandgestaltung: Neil McBeath, Stuttgart.

Die Deutsche Bibliothek – CIP-Einheitsaufnahme
Ein Titeldatensatz für diese Publikation ist bei
Der Deutschen Bibliothek erhältlich.

Die Deutsche Bibliothek –
CIP Cataloguing-in-Publication-Data
A catalogue record for this publication is available from
Die Deutsche Bibliothek.

Online-Recherche unter:
For further information see:
http://www.ddb.de/online/index.htm

Bestellnummer 14298-5

Das Werk ist in allen seinen Teilen urheberrechtlich geschützt.
Jede Verwertung ist ohne Zustimmung des Verlages unzulässig.
Das gilt insbesondere für Vervielfältigungen,
Übersetzungen, Mikroverfilmungen und die Einspeicherung in
und Verarbeitung durch elektronische Systeme.

© 2000 by Wissenschaftliche Buchgesellschaft, Darmstadt
Gedruckt auf säurefreiem und alterungsbeständigem Werkdruckpapier
Reproduktionsfähige Druckvorlagenerstellung: Thomas Bonk
Printed in Germany

ISBN 3-534-14298-5

Vorwort

Im folgenden wird Rudolf Carnaps Buchmanuskript *Untersuchungen zur allgemeinen Axiomatik* zum erstenmal veröffentlicht. Die Abhandlung aus dem Jahr 1928 ist eine systematisch angelegte Untersuchung semantischer Eigenschaften axiomatisierter Theorien. Sie entstand im Spannungsfeld des Grundlagenstreits in der Mathematik und gibt wichtige Aufschlüsse über Carnaps Philosophie der Mathematik in den zwanziger Jahren, vor der Wende zur *Logischen Syntax der Sprache* (1934), in einer für den Logizismus kritischen Periode. Es ist das einzige Dokument, das Carnaps Auseinandersetzung mit dem Konstruktivismus detailliert belegt. Der Text behandelt Probleme, die im Zentrum der zeitgenössischen Logikforschung lagen, und ist damit ein weiterer Baustein für die mathematikhistorische Aufarbeitung jener Umbruchszeit.

Unsere Einleitung stellt die Arbeit in den grösseren historischen und philosophischen Zusammenhang und erläutert die zentralen Ideen der *Untersuchungen zur allgemeinen Axiomatik*.

Das Manuskript der *Untersuchungen zur allgemeinen Axiomatik* stammt aus dem Nachlaß Carnaps, der in den *Archives of Scientific Philosophy* der Universität Pittsburgh aufbewahrt wird. Wir danken Frau H. Carnap Thost und der Leitung des Archivs für die Erlaubnis, das Manuskript der *Untersuchungen* zu veröffentlichen. Alle Zitate aus Dokumenten der *Carnap Collection* erfolgen mit Genehmigung der Universität Pittsburgh. Alle Rechte vorbehalten. Unsere Darstellung verdankt viel den beiden Pionier-Arbeiten zu den *Untersuchungen*, Kapitel 15 in A. Coffa (1991) und S. Awodey und A. W. Carus (1998). Einer der Herausgeber (T. B.) dankt der Alexander von

Humboldt-Stiftung für die Förderung seiner Arbeit. Frau B. Arden hat uns unbürokratisch und hilfreich bei der Sichtung der Dokumente der *Carnap Collection* im Archiv unterstützt.

Pittsburgh und Barcelona THOMAS BONK
Juli 1999 JESUS MOSTERIN

Inhalt

Einleitung	1
Der Logizismus zwischen *Principia* und *Logische Syntax*	1
Die axiomatische Methode	10
Die Entstehung der *Untersuchungen*	14
Im Wiener Kreis	22
Carnaps Konstruktivismus	28
Die Grunddisziplin	34
Die Grundauffassung und die Implikationsaussage	37
Vollständigkeit, Gabelbarkeit und Monomorphie	40
Das Entscheidungsproblem	44
Der Teil II der *Untersuchungen*	47
Zur Edition	53
Rudolf Carnap: Untersuchungen zur allgemeinen Axiomatik	55
Literatur- und Abkürzungsverzeichnis	57
1 Die Grunddisziplin	59
1.1 Aufgabestellung	59
1.2 Notwendigkeit einer Grunddisziplin	60
1.3 Die Begriffe der Grunddisziplin	61
1.4 Relationstheorie	65
1.5 Typentheorie	68
1.6 Isomorphie	70
1.7 Die Relationsstrukturen	72
1.8 Einige Lehrsätze der Logik	75
1.9 Absolute und konstruktive Eigenschaften	78
1.10 Absolutismus und Konstruktivismus	81

2	Allgemeine Eigenschaften eines Axiomensystems	87
A	Das Axiomensystem als Aussagefunktion	87
	2.1 Die Grundbegriffe als Variable	87
	2.2 Die Folgerungen eines Axiomensystems	90
	2.3 Die Modelle eines Axiomensystems	93
	2.4 Leer; widerspruchsvoll	96
B	Isomorphie und Struktur der Modelle	102
	2.5 Axiomensysteme mit einer Grundrelation erster Stufe .	102
	2.6 Das Problem der Modellisomorphie	104
	2.7 Die mehrstufige Isomorphie zwischen Relationen	106
	2.8 Die mehrstufige Isomorphie zwischen Modellen	110
	2.9 Beispiel zur mehrstufigen Isomorphie	112
	2.10 Kritik anderer Definitionen der Modellisomorphie . . .	116
	2.11 Die mehrstufigen Strukturen	121
	2.12 Formale und materiale Axiome	124
3	Monomorphie und Gabelbarkeit	127
	3.1 Die drei Bedeutungen der Vollständigkeit eines Axiomensystems	127
	3.2 Monomorphie	128
	3.3 Gabelbarkeit	130
	3.4 Der Gabelbarkeitssatz	133
	3.5 Anwendungen: Nichtgabelbarkeit der Arithmetik und der euklidischen Geometrie	139
	3.6 Versuch einer Definition des Begriffs „entscheidungsdefinit"	142
	3.7 Das Entscheidungsproblem der Logik	146
	3.8 Kein Axiomensystem ist k-entscheidungsdefinit	147

Carnaps Arbeitsplan für Teil II der *Untersuchungen* 153

Literaturverzeichnis 157

Personen- und Sachregister 165

Einleitung

Der Logizismus zwischen *Principia* und *Logische Syntax*

Carnap schrieb die *Untersuchungen zur allgemeinen Axiomatik* auf dem Höhepunkt der Auseinandersetzung um die begrifflichen Grundlagen der Mathematik. Im Intuitionismus und Formalismus standen dem Logizismus um 1930 differenzierte epistemologische und methodologische Alternativen gegenüber. Der Logizismus, verwickelt in Schwierigkeiten der Formulierung der Typentheorie und in ungeklärten Fragen nach dem logischen Status der Axiome der *Principia Mathematica*, führte eine Existenz am Rande (Carnap, 1930c, S. 298). Carnaps logische Arbeiten in den 20er und 30er Jahren sind in dem Bestreben entstanden, die zentralen Thesen des Logizismus zu verteidigen und zu entwickeln und dabei die besonderen Probleme, die das logische System der *Principia Mathematica* aufgeworfen hatte, zu vermeiden. Die *Untersuchungen zur allgemeinen Axiomatik* sind ein erster Schritt auf dem Weg einer Neubestimmung logizistischer Thesen, ein Weg, der in der Veröffentlichung von *Logische Syntax der Sprache* (Carnap, 1934b) endet.

Das Erscheinen der ersten Auflage der *Principia Mathematica* hatte den Logizismus Freges, Dedekinds, Couturats und Peanos auf eine neue Ebene gehoben, auch wenn Gödel später zu Recht klagte, das System der *Principia Mathematica* sei in Hinsicht auf die formale Präzision ein Schritt hinter Frege zurück. Im logischen System der *Principia Mathematica* kann nicht nur die Arithmetik sondern auch (Cantors) Mengenlehre formuliert werden, ohne in die bekannten Antinomien zu geraten. Die klassische Analysis war damit zum erstenmal in einem einheitlichen symbolischen System axiomatisiert worden. Ein kurzer Blick auf die bemerkenswerte Struktur der *Principia* muß hier genügen.

Im System der *Principia Mathematica* treten an die Stelle von Mengen, wie heute üblich, Eigenschaften; jeder Eigenschaft entspricht eine Menge, nämlich derjenigen Dinge, die die Eigenschaft besitzen. Eigenschaften werden mit Satz- oder Aussagefunktionen identifiziert. Eine Satzfunktion entsteht aus einer Aussage über ein Ding, a, in dem der Name von a schematisch durch eine Variable x ersetzt ist. (Allerdings können im allgemeinen die Mengen nicht mit Satzfunktionen identifiziert werden, aus Kardinalitätsgründen. Es gibt überabzählbar viele Mengen, aber nur abzählbar viele Aussagen und deshalb abzählbar viele Satzfunktionen.) Die logischen *Konstanten* des Systems der *Principia Mathematica* sind *Negation* $\neg$, *oder* $\vee$ und *alle* $\forall$, aus denen z. B. die Zeichen &, $\exists$ und $\to$ definiert werden können. Die Variablen sind mehrsortig. Die logischen Antinomien der (naiven) Mengenlehre können durch die Vorschrift ausgeschlossen werden, daß eine Satzfunktion sich nicht selbst als Argument enthalten soll. Allgemein muß dann unterschieden werden, ob eine gegebene Satzfunktion oder Prädikat „Individuen" als Argumentwerte hat (Typus 0), oder ihrerseits Satzfunktionen des Typus 0 (Typus 1) usf. Auf diese Weise entsteht eine Hierachie von Typen. Die *Axiome* des Kalküls zerfallen in zwei Gruppen. Die elementareren unter ihnen, z. B. die aus der Aussagenlogik vertrauten Aussagen ($p \vee p \to p$, $p \to p \vee q$, usw.), führen Whitehead und Russell als „primitive propositions" ein, als inhaltlich gedeutete Axiome, bei denen jede Kette von Ableitungen enden muß. Andere Axiome dagegen sind als „Hypothesen" eingeführt, deren Rechtfertigung allein darin liegt, daß sie für den Aufbau unerläßlich sind. Das „axiom of infinity" (*PM* *120.03) postuliert die Existenz einer abzählbar unendlichen Menge konkreter Individuen. Das „multiplicative axiom" (*PM* *88) ist eine Fassung des Auswahlaxioms. Beide Axiome sind Existenzannahmen. Carnap akzeptiert das Axiom, das Russell und Whitehead in der ersten Auflage der *Principia Mathematica* verworfen hatten, demzufolge alle Aussagefunktionen, deren Argumente Aussagen oder Aussagefunktionen sind, *extensional* sind (Carnap, 1929, S. 22). Zwischen Objekten (oder Variablen) vom Typus n und $n+1$ gelten Extensionalitätsaxiome und Aussonderungsaxiome. Zu den Axiomen kommen *Schlußregeln*, wie die Abtrennungsregel und die Substitutionsregeln. Details findet der Leser in § 1.5 der *Untersuchungen* (diese Skizze schließt sich an (Gödel, 1931, S. 144f.) an; vgl. auch Carnap, 1929, S.11).

In der sogenannten verzweigten Typentheorie der ersten Auflage der *Principia Mathematica* werden die Typen noch einmal in Stufen unterteilt, abhängig von der Weise, in der die Prädikate definiert sind. Diese zusätzliche Unterteilung sollte die „epistemologischen Antinomien" (F. P. Ramsey), die die Form selbstreferentieller Sätze (wie: „Ich lüge") haben, vermeiden und dem Verbot der sogenannten imprädikativ definierten Begriffe genüge tun. Das Charakteristikum dieser Form der Definition ist, daß der Grundbereich der Quantoren auch diejenige Menge (den Begriffsumfang) enthält, die definiert werden soll. Ein einstelliges Prädikat ist prädikativ, wenn seine Stufe um eins höher ist als die seines Arguments. Eine imprädikativ definierte Eigenschaft ist zum Beispiel die der „Induktivität" einer natürlichen Zahl, die einer Zahl genau dann zukommen soll, wenn sie alle „erblichen" Eigenschaften der Null besitzt. Für die Zwecke der Definition soll eine Eigenschaft, die, wenn sie auf n zutrifft, auch auf $n + 1$ zutrifft, „erblich" heissen. Die Definition der Induktivität ist zirkelhaft, denn zu den Eigenschaften, über die sich der Allquantor in der Definition erstreckt, gehört auch die der Induktivität (Carnap 1931, S. 99f.). Um auf der Grundlage der verzweigten Typentheorie den Begriff der reellen Zahl über den Dedekindschen Schnitt konstruieren zu können, ist ein neues Axiom notwendig, das „axiom of reducibility". Das Axiom legt fest: Für jede Ausagefunktion eines beliebigen Typus existiert eine elementare (prädikative) Aussagefunktion, die ihr extensional äquivalent ist. Ein nicht-prädikativ definierter Begriff (Aussagefunktion) kann dann stets als unabhängig von dieser Charakterisierung existierend angenommen werden, außer in den Fällen, in denen eine Menge sich selbst als Element enthalten soll (Russell und Whitehead, 1925, Introduction VI). Mit der Richtigkeit dieses Axioms steht oder fällt die Konstruierbarkeit des Begriffs der reellen Zahl (die Dedekindschen Schnitte) im „verzweigten" typentheoretischen System der ersten Auflage der *Principia Mathematica*.

Das Kennzeichen des Logizismus ist ein doppelter Reduktionismus:

reduktionistisch in Hinblick auf mathematische *Begriffe* wie auf die *Aussagen* der Mathematik. In der Formulierung Russells von 1902:

> [A]ll pure mathematics deals exclusively with concepts definable in terms of a very small number of fundamental logical concepts, and [...] all its propositions are deducible from a very small number of fundamental logical principles [...]. (Russell, [1937] 1996, S. xv)

Carnap charakterisiert den Logizismus in den *Untersuchungen* (s. S. 62 Fn. 2) und in seinem Vortrag auf der *Zweiten Tagung für Erkenntnislehre der exakten Wissenschaften* 1930 mit nahezu denselben Worten. G. Boolos glaubt nun Hinweise dafür gefunden zu haben, daß Russell nur die engere These der Ableitbarkeit mathematischer Sätze, im Gegensatz zur Frage der Definierbarkeit mathematischer Terme in der Logik, vertreten hat (Boolos, 1998, S. 272). Russells Logizismus wäre dann weniger radikal gewesen als derjenige Carnaps, der an beiden Thesen des logizistischen Reduktionismus festhielt. Dieser doppelten These, kurz „the identity of logics and mathematics" (Russell, [1919] 1998, S. 194), steht eine epistemologische Annahme über die Natur logischer Sätze zur Seite. Russell sah im System der *Principia Mathematica* die Bestätigung dafür, daß mathematische Aussagen weder synthetisch a priori sind, noch durch reine Anschauung einsichtig werden. Er zog drei alternative Auffassungen der Natur mathematischer Wahrheit in Erwägung. Erstens, die Axiome der *Principia Mathematica*, und damit die Sätze der Mathematik sind wahr im Sinne der Gültigkeit von Naturgesetzen maximaler Allgemeinheit. Zweitens, sie sind wahr im Sinne von „valid in virtue of [their] form", d.h. „analytic" (Russell, [1919] 1998, S. 169, 197; vgl. Russell, [1937] 1996, S. xii). Schließlich, die Axiome sind lediglich pragmatisch, d.h. durch ihre Effizienz und Notwendigkeit im Axiomatisierungsprojekt gerechtfertigt.

Nach Carnap kann der Logizismus, nicht aber der Formalismus, das Anwendungsproblem der Mathematik ohne ad-hoc Annahmen lösen. Im System der *Principia Mathematica*, und mit der Fregeschen Definition der Kardinalzahlen, lassen sich Schlüsse wie der von „Paul und Paula sind alleine im Zimmer" auf „Es sind genau zwei Personen im Zimmer" beweisen (Carnap, 1930c, S. 309f.; vgl. Putnam, 1967, S.

28f., 38). Carnaps Position schlägt sich auch in seiner kurzen Bemerkung über die Natur des Deduktionsbegriffs am Anfang unseres Textes nieder: „Deduktion ist Handeln" (siehe § 1.1 unten). Ähnlich argumentierte Hermann Weyl: Man kommt, „da Konstruieren Handeln heißt, mit Formeln allein nicht aus, man braucht durchaus eine praktisch auszuübende Schlußregel" (Weyl, [1926] 1948, S. 16). Die Bemerkung dürfte für Carnaps Haltung gegenüber dem Formalismus in der Mitte der 20er Jahre charakteristisch gewesen sein, dem er in den *Untersuchungen* entgegenhält, die Manipulation formaler Zeichensysteme setze voraus, daß die logischen Operationen kognitive Bedeutung haben.

Diese Version des Logizismus also lag den Entwicklungen der späten 20er Jahre zugrunde. Sie wirft zwei Schwierigkeiten auf. Die eine betrifft den zweiten Teil der reduktionistischen These: Inwiefern können Existenzannahmen wie das Unendlichkeitsaxiom sowie das Reduzibilitätsaxiom als *logische* Annahmen gelten? Und damit zusammenhängend, was ist der epistemologische Status logischer Sätze, was genau heißt „valid in virtue of their form"? Angesichts dieser Probleme beendete Hilbert um 1920 seinen Flirt mit dem Logizismus, um das finitistische Programm der Metamathematik zu verfolgen (Sieg, 1999, Abs. C). Carnap dagegen, wie Ramsey, suchte einen Ausweg, indem er das Programm der *Principia Mathematica* modifizierte und umdeutete und einen geeigneten Analytizitätsbegriff aufstellte. Wir gehen diesen Ansätzen nun nach. (In der programmatischen Übersichtsarbeit „Die alte und die neue Logik" von 1930 erwähnt Carnap übrigens nichts von diesen Schwierigkeiten.)

Russell kamen bald Zweifel an der Gültigkeit des Unendlichkeitsaxiom als logisch wahrer Aussage (Russell, [1919] 1998, S. 141). Problematisch ist dabei nicht die unendliche Gesamtheit, die postuliert wird, sondern der Existenzcharakter der Aussage. Selbst eine Aussage wie $\exists x(x = x)$ erscheint in der *Logik* fragwürdig. Auch das Reduzibilitätsaxiom erscheint in einem anderen Licht: „I do not see any reason, to believe that the axiom of reducibility is logically necessary [...] The admission of this axiom into a system of logic is therefore a defect, even if the axiom is empirically true", schreibt Russell (a. a. O., S. 192). Er kommentiert damit die Einwände Wittgensteins und Ramseys, das Reduzibilitätsaxiom könne *faktisch* falsch sein; und selbst wenn es wahr ist, so sei es nur zufällig und kontingent wahr, und gehöre daher nicht in einen Logikkalkül (Wittgenstein, [1921] 1989, 6.1232, 6.1233; Wittgenstein, [1930-35] 1989, Vorl. 1932/33). Friedrich Waismann dagegen schlägt 1928 einen Beweis des Reduzibilitätsaxioms vor. In der zweiten Auflage der *Principia Mathematica*, die 1925-27 erscheint, lassen Russell und Whitehead das besagte Axiom fallen. Das System der reellen Zahlen kann nicht mehr im Rahmen des so revidierten Systems der *Principia Mathematica* rekonstruiert werden. Die Autoren glauben, wenigstens das System der natürlichen Zahlen auf dieser Grundlage konstruieren zu können. Russells Beweis des Prinzips der Vollständigen Induktion, der in einem Anhang (B) geführt wird, ist jedoch nicht korrekt (Wang, 1984, S. 625).

Als das schwierigste Problem in den Grundlagen der Mathematik bezeichnet Carnap die Frage nach einer alternativen Formulierung des Systems der *Principia Mathematica*, die ohne Reduzibilitätsaxiom auskommt und keine Einbuße an Resultaten der klassischen Mathematik nach sich zieht. Wie Ramsey, und aus denselben Motiven, verwirft er das Reduzibilitätsaxiom und die Verzweigung der Typen. Sie sind überflüssig. In die Antinomien, die das Axiom vermeiden helfen sollte, gehen intensionale oder semantische Begriffe (oder, wie Carnap schreibt, die Scheinrelation des „Bedeutens") ein – was einmal mehr zeigt, wie die Umgangssprache zu philosophischen Scheinproblemen führen kann. Der Aufbau einer Wissenschaftssprache muß diese Antinomien nicht berücksichtigen. Das logische System des *Abriss der Logistik* und der *Untersuchungen* benutzt daher die einfache Typentheorie. Mit der Aufgabe des Reduzibilitätsaxioms verlieren Russells „elementare" Aussagen und die prädikativ definierten Begriffe ihre Sonderstellung (Carnap, 1929, S. 21f.,107). Carnap rechtfertigt die Beibehaltung nicht-prädikativer Definitionen indem er ihnen eine logizistische Deutung gibt. Um zum Beispiel die „Induktivität" von $n = 2$ nachzuweisen (siehe oben), genügt es, rekursiv für eine beliebige, unbestimmte Eigenschaft den Beweis zu führen, daß sie, falls sie auf die Null zutrifft und „erblich" ist, auch auf $n = 2$ zutrifft (Carnap, 1931). Diese Variante des ursprünglichen logischen Systems der *Principia Mathematica* umfaßt die Prädikatenlogik 1. und 2. Stufe, neben den höheren Stufen, und ist manifest hinreichend für den Aufbau der klassischen

Mathematik. Sie wird von H. Behmann, L. Chwistek, Alfred Tarski und anderen Logikern angenommen und benutzt. Diese Theorie ist also gemeint, wenn wir in den folgenden Abschnitten vom „System der *Principia Mathematica*" sprechen. Mit ihr wird, Carnap zufolge, die Kritik Hilberts und Ackermanns am Logizismus gegenstandslos.

Carnap verwirft die These (Ramsey, 1927), daß Auswahlaxiom und Unendlichkeitsaxiom tautologisch wahr sind. Er schließt sich auch nicht dem Vorschlag Wittgensteins an, nach der das Unendlichkeitsaxiom als Forderung zu verstehen ist, daß die Sprache unendlich viele Namen unterschiedlicher Bedeutung enthalte (Wittgenstein, [1921] 1989, S. 126). Er deutet vielmehr mathematische Aussagen, deren Beweise die beiden Axiome erfordern, zunächst als Bedingungssätze, wie Russell und Whitehead vor ihm. Was im System der *Principia Mathematica* bewiesen wird, ist nicht ein gegebener mathematischer Satz der Arithmetik oder der Mengenlehre, sondern die Implikation zwischen jenen beiden Axiomen und dem betreffenden Satz (Carnap, 1931, Abs. II). Gegen diese Auffassung kann man einwenden, daß die vorgeschlagene Relativierung mathematischer Aussagen weder mit der Praxis der Mathematik noch mit dem „normalsprachlichen" Verständnis mathematischer Sätze in Einklang steht (Waismann, 1936). Carnap gibt diese Deutung des Auswahl- und Unendlichkeitsaxiom später auf. Für Sprache II in *Logische Syntax der Sprache*, die für die Entwicklung der klassischen Analysis hinreicht, also relativ zu einer gewählten Sprachform, zeigt Carnap, daß Auswahlaxiom und Unendlichkeitsaxiom *analytisch* wahr sind (Carnap, 1934b, S. 87).

Man kann die Entwicklung des Logizismus bis Anfang der 30er Jahre als eine Bewegung charakterisieren, die von einem „engen" logizistischen Programm, demzufolge alle logischen Axiome der gewählten formalen Sprache analytisch sind, wegführt zu einem „bedingten Logizismus", in dem wohl die mathematischen Begriffe durch Definitionen auf logische Begriffe reduzierbar, aber mathematische Theoreme nur auf das typentheoretische System der *Principia Mathematica* zusammen mit den „Hypothesen" des Unendlichkeits- und Auswahlaxioms reduzierbar sind (Bohnert, 1975, S. 184). In seinem Buch *Logische Syntax der Sprache* wird Carnap eine radikale logizistische Alternative entwickeln. Eine Alternative jedoch, die Russell wiederum verwirft:

> In the above mentioned work, Carnap has two logical languages, one of which admits the multiplicative axiom and one the axiom of infinity, while the other does not. I cannot myself regard such a matter as one decided by our arbitrary choice. [...] It seems to me that these axioms either do, or do not, have the characteristics of formal truth which characterizes logic, and that in the former event every logic must include them, while in the latter every logic must exclude them. (Russell, [1937] 1996, S. xii)

Das zweite Problem, daß die *Principia Mathematica* offenließ, war die exakte Charakterisierung „analytisch wahrer" Sätze. Russells Formulierung „valid in virtue of [their] form" geht offenbar in die richtige Richtung, sie ist aber zu allgemein. Carnap schloß sich unter dem Einfluß Wittgensteins und Freges der Auffassung an, die Sätze der Logik und Mathematik seien analytisch wahr. Er legte diesen Begriff zunächst dahin aus, daß ein Satz als analytisch wahr gilt, wenn er eine Tautologie im Sinne der Wahrheitstafeln Wittgensteins und Emil Posts (Dreben und van Heijenoort, 1986, S. 46) ist. Ein zusammengesetzter, molekularer Satz, formuliert mit den Mitteln der Aussagenlogik, ist eine Tautologie genau dann wenn er unabhängig von den Wahrheitswerten der einzelnen Teilsätze wahr ist. In *Der Logische Aufbau der Welt* charakterisierte Carnap die Mathematik folgenderweise:

> Die Logik (einschl. der Mathematik) besteht nur aus konventionellen Festsetzungen über den Gebrauch von Zeichen und aus Tautologien aufgrund dieser Festsetzungen. (Carnap, [1928] 1961, S. 150)

Die Wahrheiten der Logik (und darunter ist hier immer das formale System der *Principia Mathematica* zu verstehen) sind demnach Aussagen, die in allen möglichen Welten gelten, und daher nichts über die wirkliche Welt aussagen.

Wittgensteins Tautologiebegriff ist auf die Aussagenlogik zugeschnitten. Ob die höherstufigen Ausdrücke der *Principia Mathematica*, und damit zentrale Aussagen der Mathematik, als Tautologien in diesem Sinne gelten können ist zweifelhaft. Wittgenstein und der

Mathematiker und Begründer der Dimensionstheorie Karl Menger, ein früherer Student Luizten E. J. Brouwers, begriffen arithmetische Aussagen auch nicht als Tautologien wie Carnap, Hans Hahn und andere Mitglieder des Wiener Kreises (Ramsey, 1927; Carnap, [1963] 1993, S. 72; vgl. zum folgenden Friedman, 1997). Wittgenstein unterscheidet zwischen logischen und mathematischen Aussagen. Die letzteren haben die Form von „Gleichungen", sind daher „Scheinsätze" und keine Tautologien (*Logisch-philosophische Abhandlung* 6.22). Für Teil II der *Untersuchungen* war eine Diskussion dieses Fragenkomplexes vorgesehen. Im Arbeitsplan zu Teil II hält Carnap fest, daß ein Satz der Aussagenlogik durch das Verfahren der Wahrheitstafeln, und ein Satz der Prädikatenlogik oder der Logik der *Principia Mathematica* durch ein mechanisches Entscheidungsverfahren „direkt geprüft" werden kann (s. S. 155). Hermann Weyl unterscheidet in ähnlicher Weise; er hebt im zuletzt genannten Fall die Notwendigkeit eines konstruktiven Vorgehens hervor (Weyl, [1926] 1948, S. 14). Ein andere Weise der Bestätigung einer logischen Aussage ist nach Carnap ihre Deduktion aus „Grundsätzen". Carnap notiert im Arbeitsplan, daß jenes Entscheidungsverfahren „noch nicht bekannt" ist. Die Ungewißheit darüber ob ein solches Verfahren existiert oder nicht, charakterisiert auch die Diskussion des Begriffs der Entscheidungsdefinitheit in Kapitel 3 der *Untersuchungen*. Die Notiz im Arbeitsplan entstand im Jahr 1928. Gödels Beweis der Unvollständigkeit der formalen Arithmetik drei Jahre später entzog diesem Programm die Grundlage. Carnap wird in *Logische Syntax der Sprache* (1934) eine Bestimmung des Analytizitätsbegriffs vorschlagen, die nicht-konstruktive Schlußweisen voraussetzt.

Zur Epistemologie des „Wiener Logizismus" gehört eine weitere Annahme. Die Logik der *Principia Mathematica* war nicht nur ein mathematisches System mit dem Ziel der Axiomatisierung der klassischen Mathematik; sie sollte auch die Syntax der Sprache in ihrer deskriptiven Funktion darstellen. Die interpretierte Logik der *Principia*, oder genauer ein Fragment davon, repräsentiert die logische „Grammatik" der Sprache. Unter methodologischen Gesichtspunkten bedeutet das, daß es keinen Standpunkt gibt, von dem man voraussetzunglos das logistische System selbst formal untersuchen könnte. Das „Problem des

Sprechens über die Sprache", angeregt durch Wittgensteins These:

> Um die logische Form darstellen zu können, müßten wir uns mit dem Satze außerhalb der Logik aufstellen können, das heißt außerhalb der Welt. (*Logisch-philosophische Abhandlung* 4.12)

beschäftigte Carnap über viele Jahre hin. Die formalistische Unterscheidung von Kalkül und Metamathematik schien diese Doktrin zumindest für die Mathematik zu untergraben. Erst in *Logische Syntax der Sprache* formuliert Carnap eine befriedigende Lösung des Problems im Rahmen des Logizismus.

Die axiomatische Methode

Die „genetische Methode", das Programm der Reduktion mathematischer Begriffe auf inhaltlich gegebene, logische Begriffe mit Hilfe expliziter Definitionen, ist ein zentrales Merkmal des Logizismus. Die axiomatische Methodologie der Praxis der Mathematik geht anders vor. Sie kam um die Jahrhundertwende zur vollen Entfaltung: die Axiomatisierung der Arithmetik (Dedekind 1888, Peano 1889), Hilberts Axiomatisierung der Geometrie (1900), und Zermelos (1908) und Fraenkels Axiomatisierungen der Mengenlehre, um nur einige Beispiele zu nennen. Ausgehend von einem überschaubaren Gebiet der Mathematik oder der Naturwissenschaften wird zunächst die Gesamtheit der bekannten Sätze in Grundannahmen und Konsequenzen, die Gesamtheit der Begriffe in Grundbegriffe und definierte Begriffe in allgemeine Hintergrundslogik (Beweismittel) und gebietsspezifische Annahmen unterteilt. Die Grundbegriffe sind durch ihre Rolle im Axiomensystem vollständig charakterisiert. Statt gegebene Begriffe auf bekannte logische Grundbegriffe zurückzuführen, werden im Rahmen des axiomatischen Vorgehens Grundbegriffe durch das System der Axiome „implizit definiert". Für die Zwecke der Ableitung und des Beweises kann dann von der ursprünglich gegebenen Bedeutung der Grundbegriffe abgesehen werden. Die axiomatische Methode fördert so die Loslösung von der Ausgangsinterpretation des deduktiven Systems als Theorie eines bestimmten Gebiets. Dieses Vorgehen führt unweigerlich zu der Fragestellung nach der Vollständigkeit und der Abhängigkeit der Axiome des Systems voneinander sowie zu der weiteren Frage, ob und wie diese Eigenschaften beweisbar sind. Die Einführung mathematischer Begriffe höherer Stufe durch Postulate muß auf den ersten Blick problematisch erscheinen, denn welcher Begriff ließe sich nicht durch zweckmäßige Wahl von Axiomen „legitimieren". Von daher erklärt sich die große Bedeutung, die dem Beweis der Widerspruchsfreiheit als einem notwendigen und hinreichenden Kriterium für die „logische Existenz" der so definierten Begriffe für alle mathematischen Zwecke beigemessen wird (vgl. den Brief Hilberts an Frege vom 29. Dezember 1899).

Das weitergehende Programm, die Widerspruchsfreiheit mit finiten Methoden zu beweisen, eröffnet schließlich die Möglichkeit, mathematische Aussagen (insbesondere über unendliche Gesamtheiten) von ihrem traditionellen ontologischen und epistemologischen Ballast zu befreien. Der Formalismus, wie wir ihn hier im Einklang mit dem zeitgenössischen Sprachgebrauch nennen wollen, ist mit einer empiristischen Epistemologie verträglich. Moritz Schlick begrüßte die „Wende zur Axiomatik" und zum Formalismus in der Mathematik als Befreiung vom synthetischen a priori in Arithmetik und Geometrie (Schlick, 1925, S. 35, 327f.). Die axiomatische Methodologie, und zusammen mit ihr der Formalismus Hilberts, war fruchtbar und einflußreich (Carnap, [1963] 1993, S. 48). Am Ende der 20er Jahre schien die vollständige Durchführung des Hilbertschen Programms greifbar nah. Der „Grundlagenstreit" in der Mathematik, wie er damals wahrgenommen wurde, wurde denn auch in der Öffentlichkeit zwischen *zwei* Positionen, Intuitionismus und Formalismus, geführt.

Aus der Perspektive des Logizismus war das axiomatische Vorgehen eine fruchtbare Heuristik für die Praxis der Mathematik, aber keine Antwort auf die erkenntnistheoretische Frage nach der Natur mathematischer Aussagen. Russell verspottete die axiomatische Methode als „theft over honest toil" (Russell, [1919] 1998, S. 71). Russells Bemerkung fällt im Zusammenhang seiner Diskussion der reellen Zahlen und ihrer axiomatischen Einführung durch Dedekind, die wir heute Dedekindsche Schnitte nennen. In seiner Darstellung des Logizismus kehrt Carnap zu diesem Punkt zurück: „Dedekind hatte richtig gesehen, daß jede irrationale Zahl einer solchen Lücke in der Reihe der Brüche zugeordnet ist. Anstatt nun zu jeder derartigen Lücke eine zugeordnete Zahl zu postulieren, definiert Russell eine irrationale Zahl als die Unterklasse der betreffenden Lücke. $\sqrt{2}$ wird also definiert als die Klasse der Brüche, deren Quadrat kleiner als 2 ist; [...] Ferner läßt sich auf Grund der gegebenen Definition beweisen, daß die Reihe der reellen Zahlen stetig ist. Damit ist das Kontinuum konstruktiv erstellt." (Carnap, 1930c, S. 303f.) Ähnliche Einwände gegen die naive Axiomatik bringt auch Hilbert vor (Sieg, 1999, Abs. A4).

Wie Frege unterscheidet Carnap genau zwischen der definitorischen Einführung eines Begriffs durch „Postulate", und der Frage, ob es Dinge gibt, die unter diesen Begriff fallen. Er unterscheidet in den *Untersuchungen* zwischen der inhaltlichen Axiomatik der Logik (das heißt hier das System der *Principia Mathematica*), insbesondere zwischen den „Russelschen Zahlen" der Arithmetik, und der formalen Axiomatik der Arithmetik, den „Peanoschen Zahlen". Darin folgt er Schlick, der allerdings hoffte, die Identität der beiden Zahlbegriffe zeigen zu können (Schlick, 1925, S. 327).

Kritik an der axiomatischen Methode wurde auch aus anderen Gründen laut. Der Logizismus Russells schloß die Verwendung der imprädikativen Definitionen mathematischer Begriffe mit ihren impliziten Existenzannahmen aus. Fraenkel etwa fürchtete die „Legitimierung der nicht-prädikativen Definitionen durch die Axiomatik" (Fraenkel, 1928, S. 324), d.h. ihre Wiedereinführung in die Mathematik durch die Hintertür. Tatsächlich läßt Carnap, wie wir gesehen haben, bestimmte nicht-prädikative Definitionen im Rahmen der einfachen Typentheorie wieder zu. Intuitionisten schließlich forderten die Konstruierbarkeit eines Modells für ein axiomatisches System. Die Widerspruchsfreiheit des betreffenden Axiomensystems verbürge keineswegs immer die Existenz eines Modells.

Dieser Kritik an der Axiomatik zum Trotz steht die axiomatische Methode im Mittelpunkt des *Abriss der Logistik* und der *Untersuchungen*. Während die erste dieser Arbeiten die Axiomatisierung wichtiger Theorien tatsächlich durchführt, haben die *Untersuchungen* einen systematischen Schwerpunkt. Der axiomatische Ansatz wirft ganz zwangsläufig Fragen der Vollständigkeit, Entscheidbarkeit und Widerspuchsfreiheit auf. Es liegt nahe, diese Fragen auch in Bezug auf das logistische System der *Principia Mathematica* zu stellen. Vor diesem Problemhintergrund entstanden zwischen 1927 und 1930 die hier zum erstenmal vollständig abgedruckten *Untersuchungen zur allgemeinen Axiomatik*.

Im Mittelpunkt der *Untersuchungen* steht das Problem der Vollständigkeit axiomatisierter Theorien. In Hinblick auf die Entdeckungen Gödels ist gesagt worden, Logizisten hätten, bedingt durch ihren philosophischen Standpunkt, die Bedeutung der Vollständigkeitsfrage nicht richtig erfassen können (Dreben und van Heijenoort, 1986, S. 44f.). Die scharfe begriffliche Unterscheidung zwischen Operationen im Axiomensystem und Diskurs über das Axiomensystem, die Trennung von Objekt- und Metasprache fehlte in einer Philosophie der Mathematik, die die Logik als universelle, nicht-übersteigbare Sprache verstehe. Sicherlich reifte das Verständnis für die Notwendigkeit dieser Unterscheidung im Logizismus der 20er Jahre eher langsam und erst spät; es ist eine der konzeptuellen Schwächen der *Untersuchungen* diese Unterscheidung nicht systematisch beachtet zu haben. Andererseits ist Vollständigkeit im Sinne der Entscheidungsdefinitheit eine offensichtlich wünschenswerte Eigenschaft für ein umfassendes, die Axiomatisierung der klassischen Mathematik anstrebendes System, wie das der *Principia Mathematica*. Der Nachweis der Unvollständigkeit (in einem Sinne des Begriffs) würde die These der Analytizität mathematischer Aussagen in Frage stellen. Vom Standpunkt des frühen Logizismus aus mußte geradezu erwartet werden, daß das logistische System der *Principia Mathematica* konsistent, kategorisch und vollständig ist. Die folgende Bemerkung Gödels drückt diese Annahme aus und stellt sie zugleich in Frage:

> Whitehead und Russell haben bekanntlich die Logik und Mathematik so aufgebaut, daß sie gewisse evidente Sätze als Axiome an die Spitze stellten und aus diesen [...] die Sätze der Logik und Mathematik deduzierten. Bei einem solchen Vorgehen erhebt sich natürlich sofort die Frage, ob das an die Spitze gestellte System von Axiomen und Schluß-

prinzipien vollständig ist, d.h. wirklich dazu ausreicht, jeden logisch-mathematischen Satz zu deduzieren, oder ob vielleicht wahre (und nach anderen Prinzipien vielleicht beweisbare) Sätze denkbar sind, welche in dem betreffenden System nicht abgeleitet werden können. (Gödel, 1930, S. 102).

Beide, Fraenkel (Fraenkel, 1928, S. 347f.) und Tarski (Tarski, 1930, S. 93), weisen auf die vor 1929 vorherrschende Annahme hin, daß alle interessanten Axiomensysteme „unvollständig" sind - nämlich in dem Sinne, daß es in ihnen, wie in der Zahlentheorie, gewisse unlösbare Probleme geben wird. Tarski sieht darin den Grund, weshalb das Vollständigkeitsproblem für das System der *Principia Mathematica* nicht untersucht wurde. Der Leser findet in Kapitel 3 des unten abgedruckten Manuskripts eine ausführliche Auseinandersetzung mit *drei* Vollständigkeitsbegriffen.

Die Entstehung der *Untersuchungen*

Carnaps Aufsatz „Eigentliche und Uneigentliche Begriffe" aus dem Jahr 1927 enthält zwei Ergebnisse, die für die *Untersuchungen* von Bedeutung sind. Das erste Ergebnis ist eine logizistische Deutung axiomatisch gegebener Theorien mit Hilfe der „Implikationsaussage" und des „Explizitbegriffs" eines Axiomensystems. Das zweite Ergebnis ist ein Satz über die Vollständigkeit eines Axiomensystems im Sinne von „Monomorphie". Fraenkels Diskussion offener Fragen um den Vollständigkeitsbegriff in *Einleitung in die Mengenlehre* hatte den Anstoß zu dieser Arbeit gegeben. Im folgenden Abschnitt wollen wir genauer auf diese beiden Resultate Carnaps eingehen.

Zu der Serie von Arbeiten Carnaps, die sich mit der Axiomatik auseinandersetzen, gehören: „Eigentliche und Uneigentliche Begriffe", *Abriss der Logistik* (1929, begonnen 1924), und das hier veröffentlichte längere Buchmanuskript, aus dem ein Auszug als „Bericht über Untersuchungen zur allgemeinen Axiomatik" (1930) erschien. (Die übrigen logischen Arbeiten dieses Zeitraums dienen der Darstellung und Verteidigung des Logizismus, wie Carnap ihn verstand.) Der *Abriss der Logistik* sollte für die Mengenlehre, die Topologie, die projektive Geometrie, die Raum-Zeit-Topologie und andere Gebiete das erreichen, was Frege und Peano für die Arithmetik leisteten. Die Axiomatik der Mengenlehre lehnt sich an Zermelo und Fraenkels Axiomatisierung mit kleinen Abweichungen an, auf die wir hier nicht eingehen können. Für die Raum-Zeit-Topologie formuliert Carnap gleich zwei Axiomensysteme, bemerkenswerterweise mit nur einer bzw. zwei primitiven, zweistelligen Grundrelationen und ohne Zuhilfenahme von Koordinatensystemen, also ganz in der „Relationstheorie". Carnap axiomatisiert die betreffenden Gebiete, um zu zeigen, wie diese Theorien „rein logisch aufgefaßt" werden können (Carnap, 1929, S. 72). Das Hilfsmittel dazu ist der Implikationssatz. Eine wichtige Voraussetzung ist die begriffliche Unterscheidung der Logik in die axiomatische Logik und die Logik als inhaltlich gegebener Grunddisziplin.

Das im *Abriss* der metamathematische Begriff der Vollständigkeit eines Axiomensystems nicht behandelt, ja nicht mal erwähnt wird, ist kein Versehen. *Abriss* und *Untersuchungen* sind komplementär angelegt. Die hier vorgelegten *Untersuchungen* haben allgemeine Eigenschaften deduktiver Systeme zum Gegenstand, insbesondere die Eigenschaft der Vollständigkeit. Die Axiomatik der Mengenlehre zum Beispiel sollte in Teil II der *Untersuchungen* unter besonderer Berücksichtigung der Begriffe Mächtigkeit und Gleichmächtigkeit von Mengen wieder aufgenommen werden (siehe unten).

Axiomatisch eingeführte Begriffe unterscheiden sich nach Carnap grundsätzlich von Begriffen wie „Pferd" oder „blau" (Carnap, 1927, S. 367; vgl. Awodey und Carus, 1998, S. 7f.). Da ein Axiomensystem auf verschiedene Grundgebiete angewandt werden kann, geht den implizit definierten Begriffen der wohldefinierte, fixierte Begriffsumfang ab. Von einem einzelnen Gegenstand kann nicht entschieden werden, ob er unter einen axiomatisch gegebenen Begriff fällt oder nicht. Wohl aber kann von einem *System* von Gegenständen und ihren Relationen entschieden werden, ob es dem Axiomensystem genügt. Aufgrund ihrer besonderen semantischen Eigenschaften ist die Bedeutung implizit definierter Begriffe „unbestimmt". Aussagen und Theoreme, in denen solche Begriffe vorkommen, haben für sich genommen keinen wohldefinierten

Wahrheitswert. Carnap schlägt daher vor, die in einem Axiomensystem implizit definierten Begriffe als logische Variable aufzufassen, für die ein „eigentlicher" Begriff eingesetzt werden kann (Carnap, 1927, S. 371f.). Hilbert und Bernays schreiben später: „In Wahrheit aber haben für die formale Axiomatik die Grundbeziehungen die Rolle von *variablen* Prädikaten." (Hilbert und Bernays, 1934, S. 7) Die Folgerungen eines Axiomensystems, wie der Peano-Arithmetik, sind offene Aussagen, oder wie Carnap schreibt, „Abkürzungen für eigentliche Sätze". Eigentliche Sätze entstehen daraus erst durch Bildung der Implikationsaussage, in der die Variablen, die den uneigentlichen Begriffen entsprechen, durch Allquantoren gebunden werden (siehe S. 38). Hans Reichenbach (1928, § 14) und andere, dem Logizismus nahestehende Forscher begriffen Carnaps Theorie der uneigentlichen Begriffe als Vertiefung der älteren Auffassung implizit definierter Begriffe, wie sie zum Beispiel Moritz Schlick in *Allgemeine Erkenntnislehre* dargestellt hatte (Schlick, 1925, S. 29f.). Carnaps Theorie ist vielleicht treffender als logizistische Reduktion der älteren Auffassung zu beschreiben.

Es ist charakteristisch für Carnaps Logizismus, daß er die Modelle eines widerspruchsfreien Axiomensystems als „Anwendungsfälle" oder Argumente eines offenen, in der Logik der *Principia Mathematica* formulierten Satzes begreift. Axiomensysteme sind „Theorien auf Vorrat" (Carnap, 1927, S. 373; vgl. Bernays, 1930). Diese Formulierung geht auf Weyls Bemerkung zurück, Axiomensysteme seien die „logische Leerform möglicher Wissenschaften" (Weyl, [1926] 1948, S. 21, im Original gesperrt gedruckt). Systeme von Objekten und Relationen, die ein gegebenes Axiomensystem nicht erfüllen, bezeichnet Carnap mit dem Ausdruck „Nicht-Modell". Die Klasse der Modelle eines widerspruchsfreien Axiomensystems zerfällt, abweichend vom heutigen Gebrauch, in formale Modelle und mögliche, konkrete Modelle oder „Realisationen". Realisationen sind (idealisierte) Systeme physikalischer Dinge und ihrer Beziehungen untereinander (z. B. „Vater von"), die die betreffenden Axiome erfüllen. Damit erhebt sich sofort die Frage, ob und wieviele Realisationen ein gegebenes Axiomensystem hat, und ob dies eine empirische oder eine logische Fragestellung ist. Carnap deutet auch an (Carnap, 1927, S. 362), daß unsere Welt eine Realisation des Systems der *Principia Mathematica*, insbesondere der umstrittenen Auswahl- und Unendlichkeitsaxiome sein könnte. Die von Carnap betrachteten formalen Modelle haben als Grundindividuen die natürlichen Zahlen im Sinne der Russellschen Zahlen.

Sei ein Axiomensytem mit den n Axiomen A_1 bis A_n für einen einzelnen Grundbegriff gegeben (der Einfachheit halber ohne Individuenkonstanten), und S sei eine hypothetische Folgerung des Axiomensystems, dann ist der „eigentliche Satz", der der Ableitung von S korrespondiert und in dem der Grundbegriff durch die Prädikatvariable x über dem Grundbereich aller Relationen desselben Typus ersetzt ist, durch den folgenden Ausdruck gegeben (Carnap, 1927, S. 371):

$$(x)(A_1(x)\&\ldots\&A_n(x) \to S(x)).$$

Der Satz ist ganz in den logischen Zeichen der *Principia Mathematica* geschrieben, extralogische Konstanten kommen darin nicht vor. Darin liegt die Bedeutung des „Implikationssatzes" für das logizistische Programm. Den offenen Ausdruck $A_1(x)\&\ldots\&A_n(x)$ in der freien Variable x nennt Carnap den „Explizitbegriff" des Axiomensystems (Carnap, 1929, S. 71f.; siehe auch Carnap, 1960, S. 176f.). (Dieses Verfahren kann auch auf *empirische Theorien* in die theoretische Begriffe eingehen angewandt werden und führt dann zum Ramsey-Satz der Theorie.) Der Umfang des Explizitbegriffs ist gerade die Klasse der Modelle des Axiomensystems. Im Fall des Peanoschen Axiomensystems der natürlichen Zahlen zum Beispiel, das mit nur einem Grundbegriff formuliert werden kann, ist der Umfang des entsprechenden Explizitbegriffs gerade die Klasse der Progressionen. Das Axiomensystem ist widerspruchsfrei genau dann wenn der zugehörige Explizitbegriff erfüllbar ist (Hilbert und Bernays, 1934, S. 134).

Das zweite Ergebnis von „Eigentliche und Uneigentliche Begriffe", als Vorarbeit für die *Untersuchungen* verstanden, ist ein Satz über die Vollständigkeit, oder Monomorphie eines Axiomensystems. Fraenkel hatte in seiner einflußreichen *Einleitung in die Mengenlehre* die offenen begrifflichen und logischen Fragen, die den Vollständigkeitsbegriff betrafen, dargestellt. Um den Ausgangspunkt Carnaps besser zu verstehen, sollen diese begrifflichen Probleme kurz erläutert werden. Gödel bewies die semantische Vollständigkeit des prädikatenlogischen Kalküls (zunächst ohne Identität) und benutzte dabei einen Vollständigkeitsbegriff, den Emil Post, Bernays und dann Hilbert und Ackermann (1928) verwandt hatten, der aber sonst in der einschlägigen Literatur eher selten verwendet wurde (Dreben und van Heijenoort, 1986, S. 46f). „Dabei soll 'Vollständigkeit' bedeuten, daß jede im engeren Funktionenkalkül ausdrückbare allgemein giltige Formel [...] sich durch eine endliche Reihe formaler Schlüsse aus den Axiomen deduzieren lässt." (Gödel, 1929, S. 60). Ein zweiter Kandidat für den Vollständigkeitsbegriff war der semantische Begriff der *Kategorizität* eines Axiomensystems, oder der Monomorphie in Herbert Feigls, Carnaps und Fraenkels Terminologie. Oswald Veblen, Edward V. Huntington und Louis Couturat haben diesen Begriff um 1900 eingeführt. Ein monomorphes Axiomensystem legt die Struktur eines Wissensgebietes eindeutig, oder vollständig, bis auf Isomorphie fest (zur Geschichte der Eindeutigkeitsforderung vgl. Howard, 1996). Ob Arithmetik und Geometrie monomorph sind, war ein nicht ganz geklärtes Problem. Für intuitionistisch eingestellte Mathematiker, wie Hermann Weyl, war der Monomorphiebegriff die einzige plausible Explikation des Vollständigkeitsbegriffs (s. S. 40).

Der dritte der zeitgenössischen Kandidaten für den Vollständigkeitsbegriff war der Begriff der Entscheidungsdefinitheit eines Axiomensystems. Zur Erinnerung: Ein deduktives System (d.h. hier eine formale Theorie zusammen mit der Logik der *Principia Mathematica*) ist nicht entscheidungsdefinit, wenn es darin Sätze S gibt, für die weder S noch non-S beweisbar sind. (Carnap: „es gibt einen Satz s über den oder die Begriffe des AS [Axiomensystem; Hrsg.], der aus diesem AS weder als wahr noch als falsch deduziert werden kann." (Carnap, 1927, S. 364)) Weit entfernt von der Konstruktion selbstbezüglicher Sätze, auf denen der klassische Beweis der Unvollständigkeit der Prädikatenlogik beruht, motivieren zunächst intuitionistische Forderungen über die Aufweisbarkeit oder Widerlegbarkeit von Existenzaussagen die Frage, ob es unentscheidbare Sätze im Gebäude der Mathematik geben kann. Naheliegende Kandidaten für solche Sätze sind die bekannten ungelösten Probleme der Zahlentheorie, wie der Goldbachsche Satz. Umgekehrt scheint die Annahme der Entscheidungsdefinitheit eines hinreichend umfassenden Systems, wie das der *Principia Mathematica*, auf die Existenz eines „mechanischen" Entscheidungsverfahrens hinauszulaufen, das alle mathematischen Sätze entscheiden kann. Daß ein solches Verfahren existiert, erschien vielen Mathematikern fragwürdig; Hermann Weyl spricht von der Suche nach dem *lapis philosophorum* (Weyl, [1926] 1948, S. 20).

Nehmen wir aber an, es gibt in diesem (naiven) Sinne unentscheidbare Sätze, z. B. in der Zahlentheorie, dann stellt sich die Frage, ob das axiomatische System der Arithmetik zum Beispiel, durch die Hinzunahme dieser Theoreme „vervollständigt" werden könnte. Ein Axiomensystem heißt „gabelbar" (an S), wenn es einen Satz S (in den Grundbegriffen des Systems) gibt, sodaß S wie auch seine Negation $\neg S$ mit den Axiomen verträglich ist, d.h. wenn S unabhängig von den Axiomen ist. Beispiel: Das System der Euklidischen Geometrie ohne das Parallelenaxiom ist am Parallelenaxiom gabelbar. Mit Hinblick auf offene Probleme der Zahlentheorie wurde spekuliert, ob nicht die Arithmetik selbst gabelbar sei. (Die *Untersuchungen* schließen diese Möglichkeit aus.) In „Eigentliche und Uneigentliche Begriffe", anders als in den *Untersuchungen*, wird der Begriff der Gabelbarkeit nicht formalisiert und entwickelt (eine verwandte Formulierung schlagen Tarski und Lindenbaum in einer 1934-35 erscheinenden Arbeit vor).

Carnap definiert den Kategorizitätsbegriff nicht wie es Tarski und Lindenbaum mit den Mitteln der *Principia Mathematica* tun (Tarski und Lindenbaum, 1934-35, S. 390), noch untersucht er, welche Typen von Axiomensystemen kategorisch sind und welche nicht. Der Aufsatz „Uneigentliche und Eigentliche Begriffe" stellt vielmehr die Frage nach dem Zusammenhang zwischen Kategorizität und Entscheidungsdefinitheit. Nach Carnap ist jedes widerspruchsfreie, monomorphe Axiomensystem auch entscheidungsdefinit (Carnap, 1927, S. 365). Die *Untersuchungen* korrigieren die Behauptung dahin, daß ein widerspruchsfreies, monomorphes Axiomensystem nicht gabelbar ist. Immerhin stimmt die ursprüngliche Behauptung für endliche Grundbereiche von Individuen, in der Prädikatenlogik mit Identität, und das sind die Beispiele, auf die sich Carnap gestützt hat.

Weder in „Eigentliche und Uneigentliche Begriffe" noch in seinem Buch *Abriss der Logistik* spielt konstruktivistisches Gedankengut eine große Rolle. Die *Untersuchungen* sind dagegen von dem Bestreben geprägt, alle Beweise und Definitionen auch in konstruktivistisch zulässiger Weise zu formulieren. Im Frühjahr 1928 hielt Brouwer zwei Vorlesungen in Wien, am 10. („Mathematik, Wissenschaft und Sprache") und am 14. März („Die Struktur des Continuums"). Carnap berichtet darüber in seiner Autobiographie: „Im Wiener Kreis beschäftigten wir uns ebenso eingehend mit dem Intuitionismus. Brouwer kam nach Wien, um eine Vorlesung über seine Theorie zu halten, und wir hatten auch persönliche Gespräche mit ihm. [...] Die empiristische Auffassung des Kreises war selbstverständlich unvereinbar mit Brouwers Ansicht, wonach, mit Kant, reine Anschauung die Grundlage der gesamten Mathematik ist. [...] Die konstruktivistischen und finitistischen Tendenzen in Brouwers Denken sprachen uns indes sehr an." (Carnap, [1963] 1993, S. 75f.) Neben Carnap hörten auch Wittgenstein, Gödel, und verschiedene Mitglieder des Schlick Zirkels die Vorlesungen. Carnaps Zugang zum Intuitionismus ist stärker durch Weyls Deutung, insbesondere durch dessen *Handbuch*-Artikel, der 1926 erschien, als durch Brouwers Theorie geprägt. Die *Untersuchungen* enthalten nur einen allgemeinen Hinweis auf Brouwer (siehe § 1.10).

Aus dem Aufsatz „Eigentliche und Uneigentliche Begriffe" entstanden die *Untersuchungen* auf dem Umweg eines Briefs Carnaps an Fraenkel, vom 26. März 1928 (RC 081-01-26; zu den Signaturen vgl. S. 53). Fraenkel hatte den Aufsatz gelesen und daran Kritik geübt. Carnap erläutert in seiner ausführlichen Antwort zunächst die These, daß „Ihr 2. u. 3. Vollständigkeitsbegriff gleichbedeutend (umfangsgleich) sind". Er zeigt sich verwundert, daß Fraenkel und R. Baer die Teilthese, „Jedes polymorphe AS ist gabelbar" bezweifeln, und skizziert einen Beweis, der dem in den *Untersuchungen* entspricht. Kurz vor Abfassen dieser Antwort hatte Carnap Fraenkel bei einer Begegnung schon einen Beweis für die Behauptung, daß ein unerfüllbares Axiomensystem widerspruchsvoll ist, „auf einem Zettel" mitgegeben. Aus dem Brief geht auch hervor, daß Carnap sein Resultat, nach dem das Peanosche Axiomensystem nicht am Goldbachschen Satz gabelbar ist, schon im Jahr zuvor gefunden hatte. Fraenkel weist in der 3. Auflage seiner *Einleitung in die Mengenlehre* im Zusammenhang mit der Diskussion verschiedener Vollständigkeitsbegriffe auf Carnaps Aufsatz „Eigentliche und Uneigentliche Begriffe" hin. Er legt diesen Aufsatz „dem Lernenden" besonders ans Herz (Fraenkel, 1928, S. 338). Fraenkel macht auch auf „tiefergehende noch unveröffentlichte Arbeiten" Carnaps und Tarskis aufmerksam (a. a. O., S. 352 Fn. 3). Tarski hatte über seine Untersuchungen zu Fragen der Widerspruchsfreiheit und Vollständigkeit axiomatischer Systeme auf einem Philosophiekongress in Warschau 1927 referiert. Diese Ergebnisse bildeten die Grundlage für (Tarski und Lindenbaum, 1934-5).

Am 25. Oktober 1928 ist das Schreibmaschinenmanuskript der *Untersuchungen* abgeschlossen (Tagebuch RC 025-73-02, S. 37). Carnap schickt das Manuskript (Teil I) am Tag darauf an Fraenkel, R. Baer, Heinrich Behmann, und Hasso Härlen ab, mit Bitte um Stellungnahme im Einzelnen und zum Ganzen. Härlen antwortet mit einem vierseitigen Brief, der das Datum 1. November 1928 trägt (RC 081-01-34). Er kritisiert darin zum einen Carnaps These, daß seine konstruktivistischen Annahmen und der Satz vom ausgeschlossenen Dritten miteinander verträglich sind (siehe unten S. 83) und zum anderen den Satz 2.4.5 der *Untersuchungen*. Der Satz besagt, daß ein Axiomsystem inkonsistent ist genau dann wenn es kein Modell hat (siehe S. 99). Er beruht, so Härlens Kritik, auf der unausgesprochenen, aber unbewiesenen Voraussetzung, daß die Grunddisziplin selbst widerspruchsfrei ist. Es gibt keinen Hinweis darauf, daß die kritischen Anmerkungen Härlens Inhalt oder Darstellung der *Untersuchungen* stark beinflußt hätten. Fraenkel zweifelt an der Richtigkeit des Beweises des „Gabelbarkeitssatzes" (auf einer Postkarte vom Januar 1929). Aber er bietet an, dabei behilflich zu sein, das Manuskript im Teubner Verlag unterzubringen (RC 081-01-27). Baer oder Behmann, das läßt sich nicht feststellen, schickt sein Exemplar mit kurzen Randnotizen versehen an Carnap zurück.

Der vorliegende umfangreiche Text wurde zwar nicht veröffentlicht, aber Carnap präsentierte Material daraus in Form zweier Aufsätze. Der eine ist der 1930 publizierte „Bericht über Untersuchungen zur allgemeinen Axiomatik". Der Aufsatz ist in der Tat ein kurzer Bericht einiger Resultate und Definitionen, die zum Gabelbarkeitssatz führen (Isomorphie von Modellen, Folgerungsbegriff), weitgehend ohne Beweise. Das Material deckt sich etwa mit den Inhalten der Paragraphen 2.1. bis 3.5 im unten abgedruckten Manuskripttext. Im Aufsatz fehlen insbesondere die Partien, die Resulate vom „konstruktivistischen" Standpunkt entwickeln, mit einer Ausnahme: dem Begriff

„k-entscheidungsdefinit", dem Carnap einigen Raum gibt. Das ist insofern interessant, als Carnap im September 1930 mündlich von Gödel über den Beweis der Unvollständigkeit der formalen Arithmetik informiert wurde (Dreben und van Heijenoort, 1986, S. 58). Gödel dankt Carnap in der Einleitung zu seiner Dissertation für den Einblick in ein unveröffentlichtes Manuskript. Bei diesem Manuskript dürfte es sich um die *Untersuchungen* gehandelt haben, in die Gödel also vor seinen bahnbrechenden Beweisen Einblick hatte. Einige Passagen jener Einleitung lesen sich wie ein Kommentar zu den *Untersuchungen*. Carnap und Gödel hatten häufig Kontakt zueinander (siehe unten). Sie sprachen regelmäßig über Probleme der Logik, und Gödel besuchte Vorlesungen Carnaps. Welche Bedeutung Carnap der Vollständigkeitsfrage für den Logizismus beimaß, geht auch aus seinem Buch *Logische Syntax der Sprache* (1934) hervor. Eine der Forderungen an die Konstitution von Sprache II in *Syntax* ist, daß sie in einem starken, nicht-finiten Sinne vollständig sein soll.

1936 schließlich erscheint der von Carnap zusammen mit Friedrich Bachmann verfasste Aufsatz „Über Extremalaxiome", der direkt aus dem Material der *Untersuchungen* (insbesondere Teil II) hervorging. Es geht darin um die Frage, wie ein Axiomensystem durch weitere Axiome ergänzt werden kann, um es monomorph (kategorisch) oder vollständig zu machen. Carnaps handschriftliche Notizen zu diesem Teilprojekt sind, verglichen mit dem ausgearbeiteten, in sich abgeschlossenen Text von Teil I, fragmentarisch und vorläufig. Wir haben uns daher dafür entschieden, anstelle der Notizen, eine kurze Zusammenfassung anhand eines Arbeitsplans Carnaps von 1928 im letzten Abschnitt dieser Einleitung vorzulegen.

Im Wiener Kreis

Die Entstehung der *Untersuchungen* und seiner anderen Veröffentlichungen zum Logizismus sind nicht ohne Carnaps Teilnahme an den Treffen der verschiedenen Kreise und Zirkel zu verstehen, die zusammen jene einzigartige kollektive, kreative Denkanstrengung ermöglichten, die unter dem Namen „Wiener Kreis" in die Philosophiegeschichte eingegangen ist. Der Wiener Kreis war, anders als die zahlreichen Schülerzirkel in der Philosophie, ein relativ offener Kreis unabhängiger Forscher, mit unterschiedlichen Hintergründen, kontrovers diskutierend, und verpflichtet weniger auf Inhalte als auf eine abstrakte Methode. Wie es im intellektuellen Klima zwischen den beiden Weltkriegen in Europa kaum ausbleiben konnte, wurde der Wiener Kreis bald das Zentrum einer *Bewegung* mit einem Manifest („Wissenschaftliche Weltauffassung"), öffentlichen Vortragsreihen, internationalen Kongressen und einer eigenen Zeitschrift (*Erkenntnis*). Der einflußreichste Teil des Kreises war derjenige um Moritz Schlick, an dessen wöchentlichen Treffen im Physikalischen Institut der K. K. Universität Wien Forscher mit so verschiedenenartigen Interessen und Stilen wie Otto Neurath, Karl Menger, Viktor Kraft, Kurt Gödel, Felix Kaufmann, Friedrich Waismann, Hans Hahn und andere regelmäßig teilnahmen. Viele Mitglieder hatten eine Ausbildung in einer exakten Wissenschaft, und alle waren durch ihr Interesse an der „neuen Logik" als Instrument ihrer Forschung miteinander verbunden. Dieser Zirkel diente Carnap als Forum und Resonanzboden; seine Vorträge in diesem Rahmen und seine Veröffentlichungen ergänzten sich.

Carnaps Interesse an der „neuen Logik" datiert lange vor seiner Übersiedlung nach Wien (1926) und seiner Mitwirkung im Zirkel um Schlick. Im Wintersemester 1910/11 hört er an der Universität Jena die Vorlesung „Begriffschrift I", im Sommersemester 1913 die Vorlesung „Begriffschrift II" und 1914 die Vorlesung „Logik in der Mathematik" von Frege (Frege, [1910/11 u. 1913] 1996). „Von ihm gewann ich die Überzeugung", heißt es in der Autobiographie Carnaps (Carnap, [1963] 1993, S. 19f.) „daß Erkenntnis in der Mathematik in dem allgemeinen Sinn analytisch ist, als sie prinzipiell von derselben Art ist wie Erkenntnis in der Logik." Diese These übernahm Carnap also nicht erst aus den einschlägigen Schriften Russells. Die *Principia Mathematica* studierte Carnap gegen Ende des ersten Weltkriegs, 1919, Freges *Grundgesetze der Arithmetik* 1920 (a. a. O., S. 8, 19). Auf einer Tagung in Erlangen im Jahr 1923 lernt Carnap neben dem Psychologen Kurt Lewin und Paul Hertz den Mathematiker Heinrich Behmann kennen, der über das Entscheidungsproblem gearbeitet hatte (1922) und den Russell und Whitehead in der zweiten Auflage der *Principia Mathema-*

tica erwähnen; ihm wird Carnap Ende 1928 das Manuskript der *Untersuchungen* zur Beurteilung schicken. Zwischen Hans Reichenbach und Carnap, die miteinander korrespondierten und die sich auf dieser (von beiden geplanten) Tagung zum ersten Male begegneten, entwickelte sich eine Art Arbeitsteilung: Carnap „spezialisierte" sich auf Grundlagenprobleme der Logik und Mathematik, während Reichenbach ihn über die Entwicklungen in der Quantenmechanik auf dem laufenden hielt (Carnap, [1963] 1993, S. 23f.).

Die vorhandenen Protokolle geben einen guten Eindruck von Carnaps Mitwirkung in dem Kreis um Moritz Schlick und von der Entwicklung seiner Interessen. Wir beschränken uns auf die für die Entwicklung des Logizismus relevanten Ereignisse. Es sei nur daran erinnert, daß im Zirkel Carnaps Buch *Der logische Aufbau der Welt*, das Verhältnis von phänomenologischer zu physikalistischer Sprache und andere Themen diskutiert wurden. So diskutierten Carnap und Hahn, den Aufzeichnungen Rose Rands zufolge, am 7. Juli 1927 „Carnaps Arithmetik" (Stadler, 1997, S. 272). Wahrscheinlich ging es um Carnaps Ideen zur Axiomatik unter Bezug auf die Arithmetik als Beispiel, wie er sie in „Eigentliche und Uneigentliche Begriffe" behandelte. Der Aufsatz erschien noch im selben Jahr in der von Karl Menger herausgegebenen Reihe *Ergebnisse eines Mathematischen Kolloquiums*. Herbert Feigl verspottete das Axiomatik-Projekt als die „Hilbertisierung" der *Principia Mathematica*, und Carnap ließ dieses Urteil stehen (Hintikka, 1975, S. xvi). Unabhängig voneinander, aber nahezu gleichzeitig, begannen Carnap und Tarski mit dem Studium metaaxiomatischer Fragestellungen. Im selben Jahr arrangierte Schlick die erste Begegnung zwischen Carnap und Wittgenstein. (Wittgenstein brach den Kontakt mit Carnap Anfang 1929 wieder ab). Später wird Wittgenstein über das Axiomatik-Projekt sagen: „Der Versuch, eine Logik zu konstruieren, die für alle Fälle gerüstet sein soll, ist eine Absurdität von großer Bedeutung, wie z. B. Carnaps Konstruktion eines Relationensystems, das es jedoch offen läßt, ob irgend etwas dazu paßt, was ihm Inhalt verleiht." (Wittgenstein, [1930-35] 1989, Vorlesung 9)

Im Jahr darauf, 1928, referiert Carnap im Schlick-Zirkel an zwei Abenden über „Axiomatik" (RC 025-73-02, S. 21, 24). Die beiden Vorträge fallen zeitlich mit den Vorarbeiten zu den *Untersuchungen* zusammen (siehe oben). Walter Dubislav, den Carnap als einen der Väter der These der (vermeintlichen) Identität von Entscheidungsdefinitheit und Monomorphie anführt, war ein regelmäßiger Teilnehmer des Zirkels. Im März fanden in Wien die beiden schon erwähnten Vorlesungen Brouwers über den Intuitionismus statt. In diesem Jahr erscheint Hilberts und Ackermanns *Grundzüge der theoretischen Logik*. Der Einfluß dieses Buchs auf Carnaps *Untersuchungen* zeigt sich im Inhalt aber auch in der Wahl der logischen Notation: die Notizen zum projektierten Teil II der *Untersuchungen* vom März 1928, wie auch der *Abriss der Logistik*, verwenden die Notation der *Principia Mathematica*. Dagegen benutzt (der hier veröffentlichte) Teil I der *Untersuchungen* die modernere Notation der *Grundzüge der theoretischen Logik*. Die *Grundzüge* rezipiert Gödel erst 1929 (Wang, 1987, S. 82), aber Hasso Härlen ist mit dem Buch schon im Oktober 1928 vertraut (Brief an Carnap, RC 081-01-34). (Die Hinweise im Text auf Hilberts und Ackermanns *Grundzüge* und der kritische Vergleich, zum Beispiel S. 98, erlauben eine zusätzliche Datierung des Manuskripts, oder jedenfalls des zweiten Kapitels.) Die maschinengeschriebene, zum Verschicken bereite Version des ersten Teils der *Untersuchungen* ist im Oktober 1928 abgeschlossen.

Im Wintersemester 1928/29 hält Carnap eine Lehrveranstaltung an der K. K. Universität Wien mit dem Titel „Philosophische Grundlagen der Arithmetik". Er setzt damit die Seminare und Vorlesungen Hans Hahns über die *Principia Mathematica* und zu Grundlagenfragen der Mathematik fort (Carnap, [1963] 1993, S. 45). Hahn hatte Carnaps Berufung an die Universität stark forciert, in der Hoffnung, Carnap werde Russells Programm weiterführen (Feigl, 1975, S. xv). Ein Hörer dieser Veranstaltungen war Kurt Gödel (Wang, 1987, S. 22).

Im Jahr 1929 erscheint Carnaps *Abriss der Logistik*, dessen Vorwort auf Januar datiert ist. Der erste Entwurf dazu entstand bereits 1924 (Carnap, [1963] 1993, S. 22), aber Carnap stellte diese Untersuchung unter anderem zugunsten der Arbeit an seiner Habilitationsschrift *Der Logische Aufbau der Welt* zurück. Im Februar referierte Carnap im Zirkel über „reelle Zahlen und Grundlagen der Mathematik"; im September über „Unabhängigkeit der Axiome" und das „System der Wahrheitsfunktionen". Carnap stellte einige Ergebnisse der *Untersuchungen* am 17. September 1929 im Rahmen der *Ersten Tagung für Erkenntnis-*

lehre der exakten Wissenschaften vor. Besonders der Gabelbarkeitssatz (s. S. 137) findet große Beachtung unter den Zuhörern, darunter John von Neumann, Ernst Zermelo, Heinrich Behmann und Hans Hahn. Carnap präsentierte jedoch allenfalls eine Beweisskizze. Besonders Fraenkel äußerte Bedenken (Tagebuch RC 025-73-03, S. 56), die offenbar ein Brief Carnaps vom März 1928 nicht hatte ausräumen können (vgl. den vorangehenden Abschnitt). Ein Auszug aus den *Untersuchungen* mit einer „Andeutung des Beweises" des Gabelbarkeitssatzes, nebst einer Notiz über die sich anschließende Diskussion auf der Konferenz, erschien im ersten Band der Zeitschrift *Erkenntnis* (Carnap, 1930a).

Wir haben oben angemerkt, daß es prinzipielle Einwände besonders Wittgensteins gegen die Idee einer „Metasprache" gab. Im Jahr 1929 wendete sich Carnap von semantischen Problemen ab und den syntaktischen Problemen der Metalogik zu. Ein Manuskript Carnaps mit diesem Titel zirkulierte zu dieser Zeit innerhalb des Kreises (vgl. RC 089-64-02). Unter Metalogik verstand er zunächst eine Methode, zentrale logische Begriffe der Axiomatik deduktiver Systeme – wie Konsequenz, Vollständigkeit und später der Wahrheitsbegriff – zu formalisieren (Carnap, [1963] 1993, S. 48). Es ist überraschend, daß der Anstoß nicht direkt und früher aus den Schriften Hilberts und seiner Mitarbeiter kam, für deren Ansatz metamathematische Methoden ja charakteristisch waren, sondern über Umwege aus Tarskis Arbeiten und aus Gesprächen mit Gödel (Carnap, [1963] 1993, S. 48; siehe dazu auch Awodey und Carus, 1998, S. 24f.). In dem von Karl Menger organisierten Mathematischen Kolloquium referierte Tarski am 19. und 21. Februar über „Metamathematik". Einen gewissen Einblick in den Gegenstand dieser Vorträge gibt Tarskis Aufsatz „Über einige fundamentale Begriffe der Metamathematik" (1930), der aus einer Vorlesung im Jahr 1928 hervorging. Carnap und Tarski werden bei dieser Gelegenheit auch ihre unterschiedlichen Auffassungen der Begriffe Monomorphie (Kategorizität) und Gabelbarkeit diskutiert haben (dazu unten mehr). Ende Februar 1930 referierte Carnap im Kreis über „Tarski und die Bedeutung der Metamathematik". Er reiste im November nach Polen, hielt in Warschau eine Vorlesung über den „tautologischen Charakter logischen Schließens" und berichtet im Schlick-Kreis im Dezember 1930 über seine Gespräche mit S. Lesniewski, T. Kotarbinski und Tarski.

Die *Zweite Tagung für Erkenntnislehre der exakten Wissenschaften* wurde in Königsberg im September 1930 abgehalten. Sie war der *Sechsten Deutschen Physiker- und Mathematikertagung*, sowie der *91. Versammlung der Gesellschaft deutscher Naturforscher und Ärzte* angegliedert, die Hilbert mit dem Vortrag „Naturerkennen und Logik" eröffnete. Hier verteidigte Carnap die offizielle logizistische Position in einem von ihm angeregten Symposium, in dem Arend Heyting die intuitionistische und John von Neumann die Position Hilberts entwickelte. „The participants [...] earnestly tried to understand each other's point of view; yet everyone was convinced that his point of view was the only true one, that no other had a right to the name of mathematics, and that its victory was certain in the near future." (Heyting, 1960, S. 194) (In diesem Jahr publizierte Heyting den ersten intuitionistischen Kalkül.) Aus dem Vortragstext Carnaps, der als „Die Logizistische Grundlegung der Mathematik" zusammen mit den beiden anderen Referaten in Band 2 von *Erkenntnis* (1931) erscheint, erfährt der Leser nichts über die *Metalogik*. Auch die drei Veröffentlichungen des selben Jahres, „Die alte und neue Logik", „Bericht über Untersuchungen zur allgemeinen Axiomatik" und „Die Mathematik als Zweig der Logik", geben keinen Hinweis auf Möglichkeit und Bedeutung einer Metasprache.

Im Juni 1931, Monate nach einem krankheitsbedingten Erlebnis, das Carnap mit Worten beschreibt, die an Descartes' Entdeckung der *Methode* 1619 in Breda erinnern (Carnap, [1963] 1993, S. 83), hält er drei Vorträge im Schlick-Kreis unter dem Titel „Metalogik" (Stadler, 1997, S. 341f). Aus diesen Vorträgen geht 1934 die Abhandlung *Logische Syntax der Sprache* hervor. Die Vorträge markieren, wenn nicht eine Wende in Carnaps Auffassung der Logik, so doch eine stabile, befriedigende Lösung der Probleme, die den Logizismus in den 20er Jahren plagten, insbesondere eine Umdeutung des Begriffs der Analytizität. Rose Rands Aufzeichnungen zufolge, leitete Carnap die Vorträge mit der folgenden aufschlußreichen Erläuterung ein:

Unter Metalogik verstehe ich die Theorie der Formen, die in einer Sprache auftreten, also die Darstellung der Syntax einer Sprache. Dabei darf – nach der Formulierung der

> Warschauer – auf die Bedeutung der Zeichen nicht Bezug genommen werden. Das Interesse, das zu diesen Überlegungen geführt hat, ist von zweierlei Art. 1) [W]elche Änderungen der Russellschen Sprache sind zweckmäßig? 2) Formen der Metalogik: gibt es Sätze über Sätze, welchen Sinn haben sie, sind es empirische Sätze oder Tautologien, ergibt sich eine Hierachie der Sprachen? Unsere Objekte sind die Satzzeichen einer bestimmten Sprache. (Stadler, 1997, S. 314)

Die anschließende Diskussion zeigte, daß dieser Ansatz Carnaps, wie auch die *Syntax*-Arbeit, im Zirkel als Preisgabe logizistischer Ideen zugunsten der Übernahme des formalistischen Standpunkts mißverstanden wurde (Bohnert, 1975).

Carnap lehrte an der K. K. Universität Wien von 1926 bis 1931, bevor er die Professur für Naturphilosophie an der Deutschen Universität in Prag übernahm. Der Kontakt zum Wiener Kreis riß dort nicht ab. Carnap, der Mann sozialistisch-pazifistischer Ideale (Feigl, 1975, S. xvii), verließ Prag im Dezember 1935, um der „erstickenden politischen und kulturellen Atmosphäre und der Kriegsgefahr" zu entkommen (Carnap, [1963] 1993, S. 54). Er trat eine Professur an der University of Chicago an, die er bis 1952 inne haben wird.

Carnaps Konstruktivismus

Nach dieser kurzen Übersicht über den Logizismus und Carnaps logizistische Arbeiten zwischen 1925 und 1934 wollen wir nun einzelne zentrale Begriffe und Themen der *Untersuchungen* darstellen: den Konstruktivismus Carnaps, den Begriff der Grunddisziplin, die Bedeutung des Implikationssatzes, und den Gabelbarkeitssatz.

Das Carnap zeitweilig einen konstruktivistischen Standpunkt in der Philosophie der Mathematik einnimmt, muß überraschen, denn das System der *Principia Mathematica*, die Grunddisziplin, enthält Definitionen und Annahmen von nicht-konstruktivem Charakter (z. B. das Auswahlaxiom) und setzt das *tertium non datur* voraus. Die *Untersu-*

chungen ist die einzige Schrift Carnaps, die detailliert seine langjährige Auseinandersetzung mit konstruktivistischen Ideen dokumentiert. Der Konstruktivismus der *Untersuchungen* ist vom logizistischen Konstruktivismus Freges zu unterscheiden. Carnap macht den Unterschied nicht immer deutlich. Frege und Russell kritisierten bekanntlich die „Schaffensmacht" des axiomatischen Vorgehens (Frege, [1903] 1962, S. 140f.), und stellten ihm eine „konstruktive" Methode gegenüber. In diesem logizistischen Sinne des Konstruktivismusbegriffs schreibt Carnap über den Dedekindschen Schnitt als Definition der reellen Zahlen:

> Es wird nicht durch Postulate oder Axiome die Existenz von Gebilden angesetzt, die die Eigenschaften der reellen Zahlen haben, sondern es werden durch explizite Definitionen logische Gebilde konstruiert, die aufgrund dieser Definitionen diejenigen Eigenschaften haben, die man in der Arithmetik den reellen Zahlen beizulegen pflegt. [...] Diese „konstruktivistische" Auffassung gehört zu den Grundtendenzen des Logizismus. Ebenso werden in konstruktivistischer Weise die weiteren mathematischen Begriffe eingeführt, sowohl die Begriffe der Analysis [...] als auch die der Mengenlehre (vor allem die Begriffe der transfiniten Kardinal- und Ordinalzahlen). (Carnap, 1931, S. 94f.)

In den *Untersuchungen* nimmt Carnap jedoch einen dem Intuitionismus verwandten konstruktivistischen Standpunkt ein (siehe unten S. 78 Fn.; S. 140 Fn.; S. 142Fn.).

> Der Konstruktivismus lehnt sich an den (von Brouwer und Weyl vertretenen) Intuitionismus an. Er unterscheidet sich von diesem dadurch, daß er den logischen Satz vom ausgeschlossenen Dritten nicht ablehnt. [...] der konstruktivistische [Standpunkt] scheint uns jedoch (aus hier nicht näher zu erörternden logisch-erkenntnistheoretischen Gründen) der richtige zu sein. (*Untersuchungen*, S. 81)

Carnap akzeptiert die „finitistisch-konstruktivistische[n] Forderung [...] die Ablehnung reiner Existenzbeweise ohne Konstruktionsverfahren." (Carnap, 1930c, S. 308) Er ist nachlässig in der Darstellung,

Abgrenzung und Zuschreibung der verschiedenen konstruktivistischen Standpunkte (Intuitionismus, Finitismus, Russells und Weyls „Prädikativismus" und andere). Die konstruktivistische Forderung, Allsätze nicht zu negieren und keine reinen Existenzaussagen zuzulassen, verstehen Carnap und zum Beispiel auch F. Kaufmann als eine den drei Positionen im „Grundlagenstreit" der Mathematik gemeinsame Forderung (a. a. O., S. 310). Er führt sie auf Frege zurück: „Ich glaube, wir müssen an der Auffassung Freges festhalten, daß auch in der Mathematik nur das als vorhanden angenommen werden darf, dessen Existenz in endlich vielen Schritten bewiesen ist." (Carnap, 1931, S. 102) Eben diese Auffassung schrieb Carnap in „Eigentliche und Uneigentliche Begriffe" anstatt Frege noch Weyl und Brouwer zu.

Der Konstruktivismus der *Untersuchungen* unterteilt die mathematische Aussagen, die im System der *Principia Mathematica* formulierbar sind, in zulässige und nicht zulässige nach gegenüber der klassischen Logik einschränkenden Kriterien. Eine Aussage gilt als „k-wahr", wenn sie in endlich vielen Schritten beweisbar ist, als „k-falsch", wenn sie in endlich vielen Schritten widerlegbar ist (s. S. 79). Über die Beweismittel oder Schlußweisen deutet Carnap lediglich an, daß sie die Deduktions- und Substitutionsregeln des Systems der *Principia Mathematica* respektieren. Die kritischen Existenzaussagen der Form $\exists x P(x)$, gleichviel ob mit Bezug auf natürliche Zahlen oder Klassen, sind dann und nur dann zulässig wenn ein Individuum b (vom korrekten Typus) aufweisbar ist mit $P(b)$. Aussagen der Form $\forall x \exists y P(x,y)$, für die in der klassischen Sichtweise das Auswahlaxiom die Existenz einer Funktion f mit $\forall x P(x, f(x))$ garantiert und die weiteren Aufschluß über seinen Konstruktivismus geben könnten, diskutiert Carnap nicht (aber vergleiche *Syntax*, § 43).

Nach intuitionistischen Kriterien genügt ein syntaktischer Nachweis der Widerspruchsfreiheit eines Axiomensystems nicht, um die Existenz eines Modells zu garantieren (Carnap, 1927, S. 363; Gödel, 1929, S. 60). Paragraph 2.4. des Manuskripts untersucht diesen Fragenkomplex mit Hilfe der Begriffe „k-erfüllt" (ein Modell des Axiomensystems ist konstruierbar) und „k-widerspruchsvoll" (ein Widerspruch ist ableitbar). Demnach ist ein Axiomensystem „k-widerspruchsfrei", genau dann wenn ein Modell aufweisbar ist. Darin sieht Carnap die methodische Grundlage der üblichen Widerspruchsfreiheitsbeweise, die auf der Konstruktion arithmetischer Modelle beruhen. Es geht aus dem Text nicht hervor, ob Carnap der Meinung war, daß alle Beweise der Widerspruchsfreiheit eines deduktiven Systems diese Form haben müssen. Widerspruchsfreiheitsbeweise jedenfalls, die auf der Konstruktion von Modellen für endliche Teilsysteme eines Axiomensystems basieren, fallen aus der Betrachtung heraus. Die *Untersuchungen* führen den Konstruktivismus nur in einem eingeschränkten Sinne durch, nämlich in der Forderung nach dem Aufweis eines Modells im Zusammenhang mit Fragen der Vollständigkeit, Gabelbarkeit und Widerspruchsfreiheit von Axiomensystemen.

Eigenschaften, die nicht zulässig sind, sind zum Beispiel die schon erwähnten nicht-prädikativen Prädikate, oder Ausdrücke der Form $P(x) = \exists y Q(x,y)$ auf einem unendlichen Grundbereich. Die Aussage $P(n) \vee \neg P(n)$ ist „entscheidbar", oder konstruktivistisch beweisbar, falls P und $\neg P$ konstruktiv zulässig sind (unten S. 81). Aber da die Eigenschaft „ist entscheidbar" und die Negation, angewandt auf eine Satzfunktion f, nicht vertauschbar sind, d.h. in der Terminologie der *Untersuchungen*, daß non-k-f und k-non-f nicht zusammenfallen, schließt Carnap, daß das *tertium non datur* gilt.

Die Gültigkeit des *tertium non datur*, das hebt Carnap ausdrücklich hervor, grenzt die konstruktivistische Auffassung von der intuitionistischen ab (S. 83). Der Konstruktivismus harmoniert mit dem empiristischen Sinnkriterium für mathematische Aussagen. Mathematische Aussagen (geschlossene Sätze), Prädikate und Funktoren, die nicht zulässig sind, die nicht entscheidbar sind, sind *sinnlos* (S. 82). Aber offenbar war Carnap zunächst bereit, eine radikalere Position zu beziehen, und das *tertium non datur* für Sätze der Mathematik aufzugeben (S. 83, Fn. 20). Die ersten beiden Zeilen der in § 1.9 abgedruckten Figur stellen die ursprüngliche Auffassung dar. Der mittlere Teil (C) der zweiten Zeile symbolisiert die Menge der Gegenstände, für die die Eigenschaft f nicht entscheidbar ist. Die unterste Zeile der Figur stellt k-f und non-k-f als komplementär zueinander dar. Im Text warnt Carnap mehrfach vor der Verwechselung des Negats von „k-f" mit „non-k-f" (S. 83 Fn.). Der zweite dieser Begriffe ist allerdings problematisch, denn er führt aus dem Kreis der k-Begriffe hinaus.

Eine Gesprächsnotiz vom Dezember 1928, also kurz nach der Fertigstellung des Schreibmaschinenmanuskripts, wirft Licht auf Carnaps Konstruktivismus und die Stellung des *tertium non datur*. Gödel bemerkte demnach im Gespräch:

> Wenn ich [Carnap] den konstruktivistischen Standpunkt konsequent verfolgen wolle, so müsse ich entweder den Grundsatz vom ausgeschlossenen Dritten ablehnen (weil nicht entweder p oder $\neg p$ beweisbar ist) oder aber eine vollständige (entscheidbare) Logik voraussetzen! (RC 081-01-32; S. 74)

Auf der selben Seite notiert Carnap: „Das scheint richtig!" Er hält an der Gültigkeit des *tertium non datur* fest. Das dritte Kapitel der *Untersuchungen* diskutiert Konsequenzen der beiden möglichen Fälle, falls das System der *Principia Mathematica* entscheidungsdefinit ist und falls nicht.

Carnaps Konstruktivismus tritt besonders in drei Episoden hervor: in dem abgebrochenen Versuch einer nach konstruktivistischen Prinzipien formulierten Mengenlehre (1927), in den *Untersuchungen* und in der Sprache I von *Logische Syntax der Sprache*. Nach 1935 spielt die Konstruktivismusproblematik in seinen Arbeiten keine Rolle mehr. Sie wird, wie der „Grundlagenstreit" in der Mathematik selbst, für Carnap mit der Wendung zum Sprachkonstruktivismus und zum Toleranzprinzip gegenstandslos.

> 1927 hatte ich ein derartiges Logiksystem [ohne Typeneinteilung] entworfen, das auf dem Zermelo-Fraenkelschen Axiomensystem beruhte, eingeschränkt jedoch im Sinne der konstruktivistischen Methode. (Carnap, [1963] 1993, S. 51f.)

Dokumente, die Details dieses Projekts erläutern würden, sind in den *Archives for Scientific Philosophy*, Pittsburgh, nicht gefunden worden. Einige Anhaltspunkte kann man Fraenkels *Einleitung in die Mengenlehre* entnehmen, deren 2. Auflage 1923 erschien. Fraenkel diskutiert dort den nicht-konstruktiven Charakter des Aussonderungsaxiom in einer Variante des Zermelo-Fraenkelschen Systems der Mengenlehre. Ein Weg, um ontologisch fragwürdige nicht-prädikative Definitionen in der Mengenlehre auszuschalten, ist der, nur solche Mengen zuzulassen, die sich aus anderen gegebenen Mengen eindeutig konstruieren lassen. Ein konsequent konstruktivistischer Aufbau der Mengenlehre ohne Einbuße an Resultaten der klassischen Mathematik hält Fraenkel jedoch nicht für möglich (Fraenkel, 1928, S. 288, 324; vgl. Fraenkel, 1930, S. 289). Carnaps Interesse richtete sich besonders auf das Axiom der Potenzmenge in Fraenkels Axiomatisierung und die Probleme, die sich daraus für einen Aufbau nach konstruktivistischen Prinzipien ergaben. Carnap gab dieses Projekt 1927 aus „Zeitgründen" auf. Die Problematik sollte jedoch in Teil II der *Untersuchungen* wieder aufgenommen werden (siehe S. 155). Später wandte sich Carnap ihr noch einmal und diesmal ausführlich vom Standpunkt des *Syntax*-Buches aus zu, vgl. S. 51 und (Carnap, 1934a, S. 283f.). Ein Nachklang des Projekts hat sich in Felix Kaufmanns Studie *Das Unendliche in der Mathematik und seine Ausschaltung* erhalten (Kaufmann, 1930, S. 177 Fn.2).

In den *Untersuchungen* erreicht Carnap eine nahezu parallele formale Behandlung des klassischen und des konstruktivistischen Standpunkts in Fragen der Vollständigkeit, Entscheidbarkeit usf., die eine erkenntnistheoretische Rechtfertigung oder eine Festlegung auf einen der Standpunkte unnötig macht (S. 82, 84). Die Wahl der dualen Terminologie in den vorliegenden *Untersuchungen*, wie „k-wahr" und „a-wahr", weist auf die späteren syntaktischen Relativierungen des *Syntax*-Buches voraus. Die Formalisierung des konstruktivistischen Standpunktes bleibt aber hinter der späteren Ausarbeitung der Sprache I in *Logische Syntax der Sprache* zurück, die den (finitistischen) Apparat beschränkter Operatoren, rekursiver Definitionen und anstelle von Allaussagen Ausdrücke mit offenen Variablen benutzt. In der Formulierung der Sprache I kommen „Tendenzen, die man etwa als finitistisch oder konstruktivistisch zu bezeichnen pflegt" zum Ausdruck (Carnap, 1934b, S. 41). Der Bruch mit dem intuitionistisch gefärbten Konstruktivismus der *Untersuchungen* geschieht schon in Carnaps Symposium-Referat in Königsberg 1930 (siehe oben). Darin verwirft er, einer Anregung Felix Kaufmanns folgend, die Forderung, eine zahlentheoretische Aussage habe nur dann einen kognitiven Sinn, wenn das „mechanische Durchprüfen" jedes Einzelfalls der Aussage keine Gegeninstanz findet. *Beweisbarkeit* ist das Kriterium für Sinnhaftigkeit einer mathematischen Aussage (sofern sie selbst kein Axiom ist). Damit beginnt Carnaps Wendung zu Positionen, die man in *Logische Syntax der Sprache* findet. Erst in diesem Buch wird die Spannung zwischen konstruktivistischen Forderungen und dem Logizismus vollständig aufgehoben.

Die Grunddisziplin

Der Begriff „Grunddisziplin" ist eines der Grundwörter der *Untersuchungen*. Die Arbeit zielt auf eine „Theorie der allgemeinen, logisch-formalen Eigenschaften von Axiomensystemen und der Beziehungen zwischen Axiomensystemen" (S. 59). Diese Theorie sollte natürlich in den Termini der Logik, z. B. durch Ausdrücke zweiter Stufe im System der *Principia Mathematica* formuliert werden. Das stellte den (frühen) Logizismus vor ein methodologisches Problem: die Möglichkeit der Untersuchung formaler Eigenschaften des axiomatischen Systems der *Principia Mathematica* mit den logistischen Mitteln des Systems selbst.

Auf dieses Problem stiessen auch Hilbert und Ackermann: „Was zunächst die Frage der Widerspruchsfreiheit [...] [des Prädikatenkalküls erster Stufe] betrifft, so könnte sie in diesem Falle als unsinnig oder wenigstens jede positive Beantwortung als zirkelhaft erscheinen, und zwar aus dem Grunde, weil es sich um ein Axiomensystem für die Logik handelt und weil jede Untersuchung der Widerspruchsfreiheit selbst mit logischen Mitteln arbeitet." (Hilbert und Ackermann, 1928, S. 98) Die programmatische Lösung des Formalismus ruht bekanntlich auf der Trennung in Objekt- und Metasprache, sowie der Einschränkung der Metasprache auf „primitivere Mittel" (a. a. O., S. 99), nämlich finitistisch eingeschränkte Schlußweisen, „finite Schlüsse" (Bernays, 1930, S. 34). Die Schlichtheit dieses begrifflichen Instrumentariums soll die epistemologische Gewißheit der Resultate im Arbeiten mit transfiniten Begriffen und Resultaten gewährleisten. Von der Bedeutung der Ausdrücke des jeweils untersuchten Axiomensystems und damit von ihren scheinbaren ontologischen Annahmen kann bei diesem Vorgehen abgesehen werden. „Es handelt sich nur um ein formales Operieren mit gewissen Symbolkomplexen, vergleichbar einem Spiel, bei dem die Figuren des Spiels in gesetzmäßiger Weise verschoben werden." (Hilbert und Ackermann, 1928, S. 99). Der Beweis der Widerspruchsfreiheit reduziert sich auf die Feststellung des Vorkommens oder Nichtvorkommens der *Zeichen* $\exists, \forall$ und $\neg$ in einer gegebenen Aussage. Allerdings läßt sich der Beweis der Vollständigkeit des engeren Prädikatenkalküls nicht auf diese Weise führen; der „inhaltliche" Begriff der Allgemeingültigkeit, der Gültigkeit in allen nicht-leeren Individuenbereichen, ist dafür notwendig.

Carnap löst das methodologische Problem durch den Vorschlag, zwischen dem Funktionenkalkül als inhaltlich gedeuteter Logik und als axiomatischem System zu unterscheiden. Entsprechend korrespondieren in Arithmetik und Mengenlehre den axiomatisch gegebenen „Peanoschen Zahlen" die „logischen Zahlen" der *Principia Mathematica*, dem axiomatischen Mengenbegriff Zermelos und Fraenkels der logische Klassenbegriff usf. (S. 63; vgl. Carnap, 1927, S. 359). Alle mathematischen Objekte erscheinen in doppelter Weise: Sie sind impliziert definierte Grössen eines formalistisch aufgefaßten Axiomensystems und konstruierte Objekte innerhalb der Grunddisziplin. Die Grunddisziplin selbst, das logistische System der *Principia Mathematica*, ist kein Axiomensystem im Sinne Carnaps, denn die Bedeutung der logischen Konstanten ist gegeben und fixiert. (Mit anderen Worten: die Grunddisziplin umfaßt gerade die betreffenden deduktiven Systeme mit ihren kanonischen Interpretationen.)

Carnaps Reflexion über die Notwendigkeit einer Grunddisziplin in den *Untersuchungen* unterscheidet zwischen Mathematik und dem Diskurs über Mathematik. Das Verhältnis von Grunddisziplin zu Axiomensystem ist hier analog zur Beziehung von Metasprache und Objektsprache, jedoch mit dem wesentlichen Unterschied, daß, wo die Metamathematik auf schwächere, finitistische Schlußweisen eingeschränkt ist („primitive recursive arithmetic"), in der Grunddisziplin der volle logistische Apparat der *Principia Mathematica* zur Verfügung steht.

(Auch die Metasprachen in der Abhandlung *Logische Syntax der Sprache* sind nicht auf finitistische Methoden beschränkt.) Wenn man auch den Begriff Metamathematik in den *Untersuchungen* vergeblich sucht, so ist jedenfalls das Urteil Alberto Coffas in seiner Studie zu den *Untersuchungen*, „Carnap was quite blind" gegenüber dem metamathematischen Standpunkt, unbegründet und überzogen (Coffa, 1991, S. 281).

Welche Disziplinen umfaßt die Grunddisziplin? Man wird erwarten, daß der logizistische Standpunkt die Grunddisziplin mit der Logik der *Principia Mathematica* identifiziert. Die Arithmetik als Kandidat einer selbständigen Disziplin, wäre darin im Sinne der Reduktionsthese vollständig aufgehoben. Tatsächlich fällt die Antwort der *Untersuchungen* überraschend ambivalent aus. Zwar weist Carnap daraufhin, daß „vielleicht" die interpretierte Logik der *Principia Mathematica* alleine als Grunddisziplin hinreicht (S. 62). Doch diese Passage wird später gestrichen. Carnap schreibt einige Zeilen danach, es gäbe keine Meinungsverschiedenheiten darüber, daß die Grunddisziplin neben der Logik Begriffe der Arithmetik und Mengenlehre umfasse (S. 62). Für finitistische oder intuitionistische Standpunkte ist diese Bestimmung der *Grund*disziplin jedoch zu liberal. Indem Carnap die Gültigkeit der logizistischen Reduktionsthese für die Zwecke der *Untersuchungen* ausklammert, gibt er der Grunddisziplin den Charakter einer informellen Hintergrundsprache für die mathematische Praxis. (Das Wort Logik selbst reserviert der Text stets für das kanonisch interpretierte System der *Principia Mathematica*.)

Die genaue Bestimmung der Grunddisziplin für die formalen Theorien der Mathematik, die Wahl des „Unterbaus", wollte Fraenkel dagegen dem einzelnen Mathematiker weitgehend freistellen: „Es hängt von der methodischen Einstellung des Forschers, daneben freilich auch von der Einschätzung der auf formalem Wege eben noch unüberwindbaren Schwierigkeiten ab, ob man als solchen Unterbau [der Axiomatik] eine absolute Mengenlehre [...], eine absolute Logik (wegen der Bedeutung der Reduktionsregeln usw.) oder eine Metamathematik wählt [...]." (Fraenkel, 1928, S. 338)

Die Grundauffassung und die Implikationsaussage

Carnaps Philosophie der Axiomatik kann in zwei Thesen zusammen gefaßt werden: Axiomensysteme sind offene Sätze (Aussagefunktionen) im System der *Principia Mathematica*, und die Herleitung von Lehrsätzen aus einem Axiomensystem hat stets die Form der „Implikationsaussage" (S. 149).

Einem gegebenen Axiomensystem (hier ohne Individuenkonstanten und Funktionensymbole der Einfachheit halber) wird eine Aussagefunktion zugeordnet, indem jede konkrete Relation des Systems durch eine Variable ersetzt wird. Das Resultat ist ein offener Satz der Grunddisziplin (der *Principia Mathematica*), der nur logische Konstanten und Variablen enthält: „eine rein logische Aussagefunktion" (S. 149). Hat das ursprüngliche, interpretierte Axiomensystem zum Beispiel nur ein Axiom $\forall x Rx$, so hat die zugeordnete Aussagefunktion die Form $\forall x \mathcal{R} x$, in der $\mathcal{R}$ eine Variable ist, die einstellige Relationen als Werte hat. Der Bezug auf die konkrete Interpretation des Axiomensystems ist aus dieser Aussagefunktion verschwunden. Der Satz $\exists \mathcal{R} \forall x \mathcal{R} x$ ist eine geschlossene, *wahre* Aussage im System der *Principia Mathematica*.

Ausdrücke der Form $\forall \mathcal{R} f \mathcal{R}$ in den *Untersuchungen* will Carnap als Quantifikation über *zulässige Modelle* verstanden wissen. Zulässige Modelle, d.h. solche von korrektem Typ und Stufe, übernehmen die Rolle des *Arguments* der Aussagefunktion. Sie sind die „Anwendungsfälle" der Theorie. Zulässige Modelle in diesem Sinne müssen das System der Axiome der Theorie nicht erfüllen; auch eine Struktur, in der die Sätze des Axiomensystems nicht gelten, kann ein zulässiges Modell sein. Die *Modellvariable* $\mathcal{R}$ ist eine Abkürzung für ein endliches Bündel von Variablen, charakterisiert durch Angabe des Typus und der Stufenzahl; das Modell ist dann ein bestimmter Wert dieser kollektiven Variablen. Zu den zulässigen Modellen eines Axiomensystems können auch „Realmodelle" (Realisationen) zählen. Sie haben physikalische Objekte und Relationen im weitesten Sinne zum Gegenstand (S. 104). Die Möglichkeit materieller Realisierungen eines Axiomensystems war deshalb von Bedeutung, weil intuitionistisch eingestellte Mathematiker den Schluß von der Widerspruchsfreiheit eines Axiomensystems auf die Existenz eines erfüllenden Modells in Zweifel zogen (Gödel,

1929, S. 60; vgl. Weyl, [1926] 1948, S. 18f.). „Formale" Axiomensysteme sind uninterpretierte Theorien, deren Axiome nicht Bezug auf einen bestimmten Teil des Gegenstandsbereichs nehmen (vgl. § 2.5). Für die Zwecke der *Untersuchungen* schränkt Carnap die Klasse der zulässigen Modelle auf „Systeme von Begriffen der Grunddisziplin" ein, insbesondere auf Strukturen mit Grundbereichen in den natürlichen oder reellen Zahlen (S. 94). Aus dem Text geht nicht eindeutig hervor, ob jeweils nur Modelle mit demselben Grundbereich herangezogen werden sollen. Carnaps Modellbegriff ist eine heuristische Vorform des modernen Begriffs.

Ein bestimmter Wert R der Modellvariablen heißt *Modell* der betreffenden Theorie f, falls f durch R erfüllt wird. Wahrscheinlich bedeutet „erfüllt" hier, daß der Satz $f(R)$ eine Tautologie ist. Später definiert Carnap ein Modell R dadurch, daß $f(R)$ ein *analytischer* Satz in der einmal gewählten Sprachform ist (Carnap und Bachmann, 1936, S. 168).

Mit den Axiomensystemen werden auch ihre Konsequenzen, die „Lehrsätze", zu Aussagefunktionen, die erst in Anwendungsfällen Wahrheitswerte erhalten und deren Wahrheitswerte mit den Anwendungsfällen variieren. Die *Folgerungsrelation* zwischen Axiomen und Konsequenzen muß entsprechend angepaßt werden. Für diese Ableitungsrelation schlägt Carnap den folgenden geschlossenen Satz im logischen Vokabular der *Principia Mathematica* vor:

$$(\mathcal{R})(f(\mathcal{R}) \to g(\mathcal{R})).$$

Der Satz g heißt „Folgerung" des Axiomensystems f, genau dann wenn der betreffende Implikationssatz im System der *Principia Mathematica* beweisbar ist (S. 92). Es hat den Anschein, als ob Carnap eine gegebene Implikationsaussage für entweder beweisbar oder widerlegbar hält. Der Begriff der Beweisbarkeit wird in den *Untersuchungen* nicht präzisiert oder thematisiert (vgl. Beweis 2.4.3; Definition 3.6.2 von „k-entscheidungsdefinit").

> Ein solcher Satz [...] gilt absolut, als Tautologie; er kann bewiesen werden durch einfache Deduktion aus den Grundsätzen der Logik. (S. 93).

Die Implikationsaussage ist ein *analytischer Satz*. Die Bedeutung der Implikationsaussage für das logizistische Programm der *Untersuchungen* liegt auf der Hand. Da die Aussage nur logische Konstante und Variable enthält, glaubt Carnap gezeigt zu haben, daß die Theorie der Axiomensysteme, insbesondere die Untersuchung des Entscheidungsproblems, vollständig in der Grunddisziplin, im System der *Principia Mathematica*, durchführbar ist (S. 149).

Carnap formuliert diesen Folgerungsbegriff, wie gesagt, zuerst in „Eigentliche und Uneigentliche Begriffe" (S. 371). Die folgende Bemerkung Fraenkels drückt denselben Gedanken aus: „Demgemäß ist jeder aus den Axiomen herleitbare Lehrsatz *A* eigentlich nur eine Satzfunktion [...] oder, anders ausgedrückt, eine Abkürzung für den echten Satz implizierender Form: wenn für die Variabeln $x, y, \ldots$ (Zeichen der Grundbegriffe) die Gesamtheit der in den Axiomen steckenden Aussagen gilt, so trifft auch *A* für sie zu" (Fraenkel, 1928, S. 334). In Paragraph 2.2 der *Untersuchungen* vergleicht Carnap den von Hilbert und Ackermann verwendeten Begriff der Herleitung (Hilbert und Ackermann, 1928, S. 112; vgl. Bernays, 1930, S. 21) mit dem durch die Implikationsaussage bestimmten Begriff der Folgerung, und findet, daß sie denselben Umfang haben. Der Implikationssatz nimmt den modernen, semantischen Begriff der Konsequenz vorweg. In der Abhandlung *Logische Syntax der Sprache*, in der Carnap dem klassischen syntaktischen Begriff der Ableitung den (im allgemeinen nicht entscheidbaren) „f-Begriff" der logischen Folge gegenüberstellt, spielt der Begriff Implikationsaussage zwar keine Rolle mehr, aber Tarski zufolge machte Carnap in dieser Abhandlung als erster den Schritt zum „proper concept of consequence" (Tarski, 1936, S. 413 Fn.).

In der Einleitung seiner Dissertation, Oktober 1929, erinnert Gödel an die intuitionistisch motivierten Bedenken am Schluß von der Widerspruchsfreiheit auf die Existenz eines Modells für ein Axiomensystem. Er schreibt:

> Ersetzt man den Begriff des logischen Folgerns (formal beweisbar in endlich vielen Schritten) durch Implikation im Russellschen Sinn, genauer durch formale Implikation, wobei die Variabeln die Grundbegriffe des betreffenden Axio-

mensystems sind, so folgt die Existenz eines Modells für ein widerspruchsfreies (d.h. jetzt keinen Widerspruch implizierendes) Axiomensystem aus der Tatsache, daß eine falsche Aussage jede andere, also auch jeden Widerspruch impliziert (daraus folgt direkt die Behauptung). (Gödel, 1929, S. 62).

Diesen Gedankengang findet Gödel in einer „noch zu veröffentlichten Arbeit" Carnaps. Er hatte wahrscheinlich Satz 2.4.8 der *Untersuchungen* vor Augen: Ein widerspruchsfreies Axiomensystem ist erfüllt (S. 100).

Der Satz 2.4.8 scheint den Vollständigkeitssatz der Prädikatenlogik zu implizieren (vgl. Coffa, 1991, S. 279). Er ist sogar weit stärker, indem er die Aussage auf alle Typenschichten der *Principia Mathematica* ausdehnt. Tatsächlich handelt es sich bei dem Beweis von 2.4.8 um eine trivale Umformung im System der *Principia Mathematica* (von der problematischen Quantifikation über Modelle abgesehen). Carnap formuliert seine Prämissen nicht mit dem syntaktischen Begriff der Ableitung (des Beweisens in endlich vielen Schritten nach vorgegebenen Umformungsregeln), sondern mit dem konventionellen Implikationsbegriff. So entzieht sich ihm die entscheidende Fragestellung, ob ein Satz, der in allen Modellen einer elementaren Theorie gilt, auch aus den Axiomen der Theorie ableitbar ist. Der Vollständigkeitssatz und der Satz 2.4.8 haben lediglich den Wortlaut gemeinsam. Leon Henkin hat 1949 gezeigt, wie man zu jedem widerspruchsfreien Axiomensystem erster Stufe auf einfache Weise ein Modell definieren kann.

Vollständigkeit, Gabelbarkeit und Monomorphie

Hermann Weyl ließ nur *einen* Kandidaten für den Begriff der Vollständigkeit gelten, den der Isomorphie der Modelle eines Axiomensystems:

> Eine Wisssenschaft kann ihr Sachgebiet immer nur bis auf eine isomorphe Abbildung erfassen. Insbesondere verhält

sie sich gegenüber dem „Wesen" ihrer Objekte ganz indifferent. [...] Der Isomorphiegedanke bezeichnet die selbstverständliche unübersteigbare Schranke des Wissens. (Weyl, [1926] 1948, S. 22)

Obwohl die *Untersuchungen* dem Isomorphiebegriff viel Raum geben (siehe Teil B von Kapitel 2), ist eine der zentralen Thesen der Arbeit die *Äquivalenz* der drei vor 1930 diskutierten Vollständigkeitsbegriffe: Monomorphie, Entscheidungsdefinitheit und Nicht-Gabelbarkeit. Die These der Äquivalenz ist falsch; allerdings legte Carnap einige Begriffe anders aus, als wir es nach den Arbeiten besonders von Hilbert und Gödel heute tun.

Die Eigenschaft der Monomorphie eines Axiomensystems entspricht in etwa dem modernen Begriff der Kategorizität. Zunächst formuliert Carnap in den *Untersuchungen* einen Isomorphiebegriff, der die typentheoretischen Unterscheidungen der *Principia Mathematica* berücksichtigt (§ 1.6, § 2.6 bis § 2.9). Ein Modell eines Axiomensystems wird hier, wie gesagt, als Wert eines Variablenbündels aufgefaßt, das durch Typus und Stufenzahl q der Grundrelationsvariablen charakterisiert ist (§ 2.7; vgl. (Carnap, 1929, S. 31f)). Zwei Modelle P, Q sind isomorph, falls eine zweistellige *Relation* $Ism_q(P, Q)$ zwischen Werten („Modellen") der q-stufigen Modellvariablen existiert, die die Klassen, die Relationen usw. der beiden Modelle eineindeutig einander zuordnet und die überdies symmetrisch, transitiv und reflexiv ist. Daraus ergibt sich folgende Definition der Monomorphie: Ein Axiomensystem f (mit q-stufiger Variabler) heißt *monomorph*, wenn das Axiomensystem überhaupt ein Modell hat (widerspruchsfrei ist), und wenn für je zwei Modelle gilt (S. 128):

$$(\mathcal{P}, \mathcal{Q})[(f\mathcal{P} \& f\mathcal{Q}) \to Ism_q(\mathcal{P}, \mathcal{Q})]$$

Ein Axiomensystem, dessen Modelle nicht alle miteinander isomorph sind, heißt „polymorph". Es ist aufschlußreich, Carnaps Formulierung mit einer nahezu zeitgleich entwickelten Definition zu vergleichen (vgl. zu folgendem Coffa, 1991, S. 282f., und Awodey und Carus, 1998, S. 21). Tarski und Lindenbaum setzen wie Carnap das System der *Principia Mathematica* in der Gestalt der einfachen Typentheorie sowie das

Extensionalitätsaxiom voraus. Carnaps Korrelator *Imsk* (§ 1.6, § 2.9) entspricht hier eine Relation R, die die Elemente des Grundbereichs eineindeutig einander zuordnet. (Die Elemente oder Individuen des Grundbereichs haben alle denselben, aber sonst beliebigen Typus.) Die Permutation ordnet den Klassen, Relationen usf. neue Klassen, Relationen eineindeutig zu. Der Satz $\exists R\, R[\frac{x_1,x_2,\ldots,x_n}{x_1',x_2',\ldots,x_n'}]$ behauptet in der Terminologie Tarskis und Lindenbaums die Existenz einer solchen Relation R. f bezeichnet die Konjunktion der endlich vielen Axiome des Axiomensystems; eingestrichene Variablen rangieren über den ursprünglichen Grundbereich und die darauf definierten Klassen und Relationen, die zweigestrichenen über die diesen unter R eindeutig zugeordneten Objekten. Ein Axiomensystem f heißt nun „kategorisch", genau dann wenn der folgende Satz in *Principia Mathematica* „logisch beweisbar" ist (Tarski und Lindenbaum, 1934-35, S. 390):

$$\forall x_1, x_1' \ldots, x_n, x_n' \{f(x_1,\ldots,x_n) \& f(x_1',\ldots,x_n')$$
$$\to \exists R\, R[\frac{x_1,\ldots,x_n}{x_1',\ldots,x_n'}]\}$$

Aus beiden Monomorphiebegriffen folgt die Monomorphieeigenschaft der Peano-Arithmetik, ein Resultat, das damals keineswegs neu war (vgl. Fraenkel, 1928, S. 353, 235 Fn. 1). Aber damit hören die Gemeinsamkeiten auf. Carnaps Monomorphiebegriff ist zum einen nicht auf Permutationen des Grundbereichs eingeschränkt. Carnap verteidigt in einem eigenen Abschnitt 2.10 die Notwendigkeit, explizit die Stufe der Modellvariablen eines Axiomensystems in der Definition des Monomorphie- und Isomorphiebegriffs zu berücksichtigen. Aber vor allem benutzen Lindenbaum und Tarski den *syntaktischen* Begriff der Beweisbarkeit oder Ableitbarkeit auf der Basis der Unterscheidung von Objekt- und Metasprache der *Principia Mathematica*. Tarski und Lindenbaum anerkennen in einer Fußnote die Priorität der entsprechenden Definitionen Carnaps (Carnap, 1930a).

In derselben Arbeit unterscheiden Tarski und Lindenbaum, darin Fraenkel folgend, einen zweiten Vollständigkeitsbegriff. Ein Axiomensystem ist (intuitiv) *nicht* vollständig, wenn eine bestimmte Aussage darin wohl formuliert, aber weder die Aussage noch ihre Negation auch abgeleitet werden kann. In diesem Fall ist das betreffende Axiomensystem an der Aussage gabelbar, und die Aussage ist unabhängig von den Axiomen des System. Der Vorschlag, den Vollständigkeitsbegriff als Eigenschaft der Nichtgabelbarkeit auszulegen, wurde einerseits von der Frage nach dem epistemologischen und logischen Status solcher unbewiesenen oder „unbeweisbaren" mathematischen Aussagen – wie die Goldbachsche Vermutung in der Zahlentheorie – und andererseits von der Entdeckung und Entwicklung der nicht-euklidischen Geometrien motiviert. Ob die Arithmetik in demselben Sinne unvollständig oder gabelbar ist wie eine Rumpfgeometrie am Parallelenaxiom, ist ein Problem, das Carnap lösen will (siehe § 3.5).

Mit der oben benutzten Notation und denselben Voraussetzungen schreibt Tarski: f heißt nichtgabelbar falls für jede offene Aussage $g(x_1, \ldots, x_n)$ in den Variablen $x_1, \ldots, x_n$ folgende Disjunktion beweisbar ist (Tarski und Lindenbaum, 1934-35, S. 390):

$$\{\forall x_1, \ldots, x_n[f(x_1, \ldots, x_n) \to g(x_1, \ldots, x_n)]\} \vee$$
$$\{\forall x_1, \ldots, x_n[f(x_1, \ldots, x_n) \to \neg g(x_1, \ldots, x_n)]\}$$

Aus dieser Festsetzung folgt, daß kein monomorphes Axiomensystem gabelbar ist. In moderner Terminologie entspricht dem in etwa die Behauptung: Ein kategorisches Axiomensystem, formuliert in der Prädikatenlogik erster oder höherer Stufe, ist vollständig. Die Peano-Arithmetik kann als Beispiel dienen.

Carnap definiert, daß f an g gabelbar ist, wenn für $f \& g$ und für $f \& \bar{g}$ ein Modell existiert (und g „formal" ist), oder äquivalent, wenn $\overline{(f \to \bar{g})} \& \overline{(f \to g)}$ beweisbar ist (S. 130f.). Mit diesen Festsetzungen heißt die Konjunktion der Axiome f *nicht gabelbar*, falls für alle (formalen) offenen Sätze g von f gilt (vgl. S. 144):

$$\forall \mathcal{R}\{[f(\mathcal{R}) \to g(\mathcal{R})] \vee [f(\mathcal{R}) \to \neg g(\mathcal{R})]\}$$

Mit diesen Festsetzungen folgt schließlich die vermeintliche *Äquivalenz* der beiden Eigenschaften Nichtgabelbarkeit und Monomophie für konsistente Axiomensysteme (Satz 3.4.10). Der *Gabelbarkeitssatz* 3.4.5 behauptet: „Die Begriffe polymorph und gabelbar sind äquivalent."

Der Gabelbarkeitssatz, insbesondere Satz 3.4.9, ist so nicht korrekt. Der von Tarski formulierte Teilsatz und der analoge Satz 3.4.8 der *Untersuchungen* sind dagegen, wie wir wissen, wahr. Carnap hat jedoch keinen gültigen Beweis für Satz 3.4.8, und diese Tatsache ist symptomatisch für tiefgehende Unterschiede im Verständnis dieser Vollständigkeitsbegriffe. Tarski und Lindenbaum sehen richtig den Unterschied zwischen der direkten Herleitung dieses Ausdrucks aus verschiedenen Definitionen im System der *Principia Mathematica* mit Hilfe der klassischen Implikationsrelation und der metasprachlichen Frage der Beweisbarkeit von g oder $\neg g$ in *Principia Mathematica*. Die Unterscheidung in Kalkül- und Metasprache ist den *Untersuchungen* nicht oder nicht konsequent beachtet. Für Carnap war die Vollständigkeit des Systems der *Principia* eine umstrittene, offene Annahme, die er am Ende der *Untersuchungen* kurz diskutiert.

Der Gabelbarkeitssatz Carnaps, Satz 3.4.5, gilt unter gewissen zusätzlichen Bedingungen an das Axiomensystem und die vorausgesetzte Logik (Tarski und Lindenbaum, 1934-35, S. 391; Awodey und Carus, 1998, S. 21). Diese Betrachtungen führen jedoch weit über den konzeptuellen und technischen Rahmen der *Untersuchungen* hinaus.

Das Entscheidungsproblem

Der dritte Kandidat für den Vollständigkeitsbegriff war die Eigenschaft der *Entscheidungsdefinitheit* eines Axiomensystems. Carnap unterscheidet darunter eine konstruktive Variante, die er „k-entscheidungsdefinit" nennt, und die mit dem modernen Begriff entscheidbar zusammenfällt. Sei g ein im Axiomensystem f formulierbarer offener Satz, dann heißt die Theorie f nach Carnap k-entscheidungsdefinit, falls „ein Verfahren angegeben werden kann, nach dem bei jedem vorgelegten formalen g (mit denselben Variabeln) entweder der Beweis für $f \rightarrow g$ oder der Beweis für $f \rightarrow \neg g$ in endlich vielen Schritten geführt werden kann."

Die Definition wird gleich zweimal angegeben, in Definition 3.6.1 und 3.6.2. Tarski und Lindenbaum definieren ganz entsprechend: Ein

Axiomensystem f heißt entscheidungsdefinit, falls für jede offene Satzfunktion $g(x_1, \ldots, x_n)$ entweder der Ausdruck

$$\forall x_1, \ldots, x_n[f(x_1, \ldots, x_n) \to g(x_1, \ldots, x_n)]$$

oder

$$\forall x_1, \ldots, x_n[f(x_1, \ldots, x_n) \to \neg g(x_1, \ldots, x_n)]$$

beweisbar ist (Tarski und Lindenbaum, 1934-5, S. 390).

Die Warschauer und der Wiener Logiker kommen zum selben Ergebnis: wenn es für die Logik, in der das Axiomensytem formuliert ist, ein Entscheidungsverfahren gibt, dann ist jedes monomorphe Axiomensystem auch (k-)entscheidungsdefinit (siehe S. 146). Wir wissen, daß das System der *Principia Mathematica* unvollständig ist, und das es zum Beispiel für die Arithmetik kein Entscheidungsverfahren gibt. Carnap, der die *Untersuchungen* vor Gödels Entdeckungen schrieb, diskutiert die Konsequenzen der Unvollständigkeit des Systems der *Principia Mathematica* (Abschnitt 3.8). Diese Unvollständigkeit ist für Carnap eine kontingente Tatsache der mathematischen Praxis, in der eine bestimmte Aussage allen Beweis- und Widerlegungsversuchen trotzt. In diesem Fall ist kein Axiomensystem k-entscheidungsdefinit, argumentiert Carnap, denn mit Hilfe einer beliebigen Konsequenz der Theorie und einer „gegenwärtig unentschiedenen" Aussage kann eine Implikation der Form $f \to g$ konstruiert werden, die ihrerseits gegenwärtig unentschieden ist. Carnap verwirft den konstruktiven Begriff als unbrauchbar.

Die Begründung ist nicht korrekt. Die Theorie der Abelschen Gruppen zum Beispiel kann in der Prädikatenlogik erster Stufe mit Identität formuliert werden und ist k-entscheidungsdefinit. Carnap konstruiert als Beispiel (S. 150) ein Axiomensystem mit nur einer primitiven Relation, der Identität, das ein Modell mit endlichem Grundbereich zuläßt. Dieses Axiomensystem („es gibt genau drei Gegenstände"), formuliert in einem Fragment der *Principia Mathematica*, das etwa der Prädikatenlogik erster Stufe entspricht, ist tatsächlich kategorisch oder monomorph. Durch die Konjunktion mit einer unentscheidbaren Aussage der Hintergrundlogik entstehe, so Carnap, ein Axiomensystem, das nicht k-entscheidungsdefinit ist. Das Beispiel ist jedoch irreführend, denn ein Modell des erweiterten Axiomensystems ist kein Modell der ursprünglichen Theorie.

Carnap entwickelt daher den Begriff „entscheidungsdefinit" in einer Weise, die er für brauchbarer und informativer hält. Das Axiomensystem f heißt entscheidungsdefinit, falls für jede formale Aussagefunktion g (mit denselben Variablen) entweder g oder $\bar{g}$ Folgerung ist (vgl. Definition 3.6.1 und Zeile (4) in Beweis 3.6.2). Wie leicht einzusehen ist, fällt der so explizierte Begriff mit dem der Nichtgabelbarkeit zusammen.

Carnaps Feststellung am Ende der *Untersuchungen*, daß es ein Entscheidungsproblem der Logik gibt (S. 149), dokumentiert einen bemerkenswerten Bruch mit dem Logizismus Freges und Russells. Das Entscheidungsproblem für das System der *Principia Mathematica* ist die Frage nach einem Verfahren, „durch das jede vorgelegte rein logische Aussage als wahr oder falsch nachgewiesen werden könnte" (S. 146). Die Antwort auf diese Frage steht aus, schreibt Carnap, obwohl bestimmte Fragmente der *Principia Mathematica*, wie die Klasse der Tautologien und die Klasse der allgemeingültigen Sätze des Prädikatenkalküls eingeschränkt auf einstellige Relationen, bereits als entscheidbar nachgewiesen waren (H. Behmann, 1922). Die zahlreichen Gespräche mit Gödel haben Carnaps Diskussion des Entscheidungsproblems beeinflußt. Gödels (oben zitierte) Bemerkung, ein konstruktives Programm setze eine entscheidbare Logik voraus, problematisierte Carnaps ursprüngliche Position. Die Diskussion am Ende der *Untersuchungen* zeigt, daß Carnap sich darüber klar ist, daß die Grunddisziplin selbst zum Gegenstand der Untersuchung gemacht werden muß. Der Übergang zum „Metalogik"-Programm, der ja schon 1929 erfolgte, ist von hier aus gesehen kein Bruch mit dem Axiomatikprojekt, sondern ein naheliegender, wenn auch erzwungener Schritt. Die Drucklegung der *Untersuchungen* unterblieb weniger aufgrund inhaltlicher Mängel der Ausführung als vielmehr aufgrund der Verdrängung durch das Metalogik-Programm.

Der Teil II der *Untersuchungen*

Man kann die Polymorphie eines Axiomensystems als einen Defekt ansehen, der durch die Hinzufügung geeigneter Axiome behoben werden kann. Die *Möglichkeit* der Vervollständigung und die *Klassifikation* der entsprechenden „Extremalaxiome" sollte der Hauptgegenstand des Teil II der *Untersuchungen* werden. Carnap arbeitet an dieser Fragestellung im Frühjahr 1928 (z. B. RC 081-01-05). Im Oktober steht fest, daß das Material nicht ein „Teil II" wird, sondern in eine von den *Untersuchungen* unabhängige Arbeit aufgenommen werden soll (S. 127). Von zwei stenographisch kurzen Paragraphen in dem veröffentlichten Auszug „Untersuchungen zur allgemeinen Axiomatik" abgesehen, sind aus dem Zeitraum 1928 bis 1930 nur Fragmente zur Arbeit an Teil II erhalten. Wir haben uns daher entschlossen, lediglich Carnaps Arbeitsplan für Teil II abzudrucken (siehe S. 153), um dem Leser einen vollständigeren Eindruck des gesamten Projekts zu ermöglichen. Die folgenden Anmerkungen sollen als Hinweise und Erläuterungen dienen. Ausgearbeitet erscheinen einige der vorgesehenen Themen sechs bzw. acht Jahre später unter besonderer Berücksichtigung geometrischer Theorien (Carnap, 1934a, und Carnap und Bachmann, 1936), und viel später im Zusammenhang mit der Axiomatik der Mengenlehre Zermelo-Fraenkels (Carnap, 1960, S. 181f.).

Das Zermelo-Fraenkelsche Axiomensystem der Mengenlehre (*ZF*) ist nicht *monomorph*. Es sind zum Beispiel Modelle mit nichtfundierten Mengen denkbar, d.h. mit Mengen, die eine absteigende $\in$-Kette besitzen, i.e. die ein Element a enthalten, so daß in a ein Element b vorkommt, in dem ein Element c vorkommt und so weiter ins abzählbar Unendliche. Die Frage, ob solche Mengen existieren oder nicht, läßt sich aufgrund der mengentheoretischen Axiome von *ZF* nicht entscheiden. (Diese Lücke wurde u.a. von Fraenkel (1922) dadurch geschlossen, daß ein neues sogenanntes Fundierungsaxiom eingeführt wurde, das behauptet, daß jede Menge fundiert sein muß.) Es lag nahe, den Axiomen von *ZF* ein weiteres hinzuzufügen, das festlegt: „Außer den durch die Axiome [...] geforderten Mengen existieren keine weiteren Mengen." (Fraenkel, 1928, S. 355). Dieses *Axiom der Beschränktheit* wirft zwei Schwierigkeiten auf: Seine umgangssprachliche Formulierung ist offenbar nicht präzise genug, und das Axiom macht keine direkte Aussage über die Relation ∈ des Enthaltenseins, sondern sagt etwas über die anderen Axiome der Theorie aus. Fraenkels Vorschlag inspirierte eine Reihe von Arbeiten (z. B. von Neumann 1925) und dürfte der Ausgangspunkt für Teil II der *Untersuchungen* gewesen sein.

Als *Alternative* zur metasprachlichen Formulierung des Axioms, zumindestens für bestimmte Fälle, schlägt Carnap (1936) die Einführung einer geeigneten Prädikatvariablen und die Formulierung des betreffenden Axioms als Aussage höherer Ordnung in der Objektsprache selbst vor. Diese Annahme liegt vermutlich schon den *Untersuchungen* zu Grunde. Daher sei die Passage im Wortlaut wiedergegeben (Carnap, 1960, S. 182):

> Die oben erwähnte vorläufige Formulierung des Axioms nimmt Bezug auf die vorangehenden Axiome. Buchstäblich genommen, kann eine solche Bezugnahme nur in der Metasprache formuliert werden. Diese Schwierigkeit kann jedoch dadurch überwunden werden, daß das neue Axiom eine offene Satzformel enthält, die der Konjunktion der früheren Axiome entspricht, aber eine Variable 'H' an Stelle der axiomatischen Grundkonstanten 'E' [∈] enthält. In dieser Weise kann das neue Axiom in der symbolischen Objektsprache formuliert werden. Um das Ausschreiben der langen Satzformel zu vermeiden, wollen wir ein Prädikat 'ZF' der zweiten Stufe verwenden, das als Explizitprädikat [...] für das Zermelo-Fraenkelsche AS [Axiomensystem] definiert wird [...] Mit Hilfe des Explizitprädikats kann nun das Axiom der Beschränktheit [...] so formuliert werden, daß es den Sinn in folgender Weise ausdrückt: „Jede Teilrelation H von E, die die Eigenschaft ZF hat, ist isomorph mit E."

$$(H)[(x)(y)(Hzy \to Exy)\&ZF(H) \to Is_2(H,E)].$$

Ein Extremalaxiom anderer Art ist das Vollständigkeitsaxiom Hilberts, das die Axiomatisierung der Euklidschen Geometrie abschließt:

Es legt fest, daß das System der Grundbegriffe der Euklidischen Geometrie (Punkt, Gerade, Ebene) keiner Erweiterung fähig ist, die dem Axiomensystem genügen würde. Carnap wählt dafür den Namen „Maximalaxiom", weil es aussagt, daß es kein umfassenderes System (Modell) von Dingen gibt, das die geometrischen Axiome befriedigt. In der Terminologie der *Untersuchungen* mit der Festsetzung, daß $\subset$ das „Teilrelationsverhältnis" bezeichnet, lautet das *Maximal(modell)axiom* für ein Axiomensystem fR:

$$\neg(\exists P)(R \subset P \& R \neq P \& fP).$$

Ist f eine monomorphe Theorie, dann ist das Maximalaxiom notwendig erfüllt, aber die Umkehrung gilt nicht. Die Hinzufügung eines Maximalaxioms macht die betreffende Theorie im allgemeinen nicht monomorph (diese Resultate finden sich in Carnap und Bachmann, 1936, S. 178, 183, und in den Notizen zu Teil II der *Untersuchungen*, RC 081-01-04 und -05).

In analoger Weise formuliert Carnap das *Minimal(modell)axiom* für eine axiomatisierte Theorie fR, das die Existenz eines Modells ausschließt, das f erfüllt und ein echtes „Teilmodell" von R ist:

$$\neg(\exists P)(P \subset R \& R \neq P \& fP).$$

Fraenkels *Beschränktheitsaxiom* ist ein Minimalmodellaxiom.

Unter einer *Struktur* versteht Carnap die Äquivalenzklasse eines Modells unter dem auf Stufe und Typ relativierten Isomorphiebegriff der *Untersuchungen* (vgl. § 2.11); der Begriff der Strukturzahl ist im Text erläutert. Wenn die Modelle einer Struktur einem ihrer „Teile" isomorph sind, heißt die Struktur selbst „teilig", andernfalls unteilig (Carnap und Bachmann, 1936, S. 174). Die Struktur der Modelle der Euklidischen Geometrie zum Beispiel ist unteilig, die der Progressionen ist teilig. Mit der Abkürzung Ism_v für die „vollständige" (n-stufige) Isomophie zwischen Modellen lautet das *Maximalstrukturaxiom* für ein Axiomensystem fR:

$$\neg(\exists P)(R \subset P \& \neg Ism_v(R, P) \& fP),$$

und entsprechend das *Minimalstrukturaxiom*. Im folgenden steht das Symbol i_u für eine unteilig isolierte Struktur, i für eine isolierte Struktur. a_u bezeichnet eine unteilige Anfangsstruktur, e eine Endstruktur usf. (für die Details sei der Leser auf den Aufsatz von Carnap und Bachmann, 1936, S. 176, verwiesen). Mit Hilfe dieser Klassifizierung verschiedener Strukturtypen untersucht Carnap, in welchen Fällen das Hinzufügen eines Extremalaxioms zu einem monomorphen Axiomensystem führt (Strukturzahl = 1).

Die Argumente des Kapitels V in Teil II der *Untersuchungen* sind aus den vorhandenen Fragmenten schwer zu rekonstruieren. Ein absolutes oder „unbedingtes Existenzaxiom" hat die Form $\exists x F x$; ein bedingtes Existenzaxiom dagegen sagt: „wenn es Gegenstände von den und den Eigenschaften gibt, so gibt es auch solche mit den und den Eigenschaften". Das *Erreichbarkeitsaxiom* des Kapitels V fordert: „jeder Gegenstand des Systems ist entweder selbst ein Gegenstand (gemäß dem absoluten Existenzaxiom) oder seine Existenz ist aus der der Gegenstände mit Hilfe des relativen Existenzaxioms in endlich vielen Schritten ableitbar." (RC 081-01-10). Das Erreichbarkeitsaxiom ist ein Spezialfall eines Beschränktheitsaxioms vermutet Carnap.

Ein Abschnitt des Kapitels V ist dem Problem der Eliminierung der *Grundindividuen* eines Axiomensystems gewidmet. Grundindividuen, zum Beispiel die nicht-logische Konstante 0 der Peano-Arithmetik, können eliminiert werden, heißt es in den *Untersuchungen*. Entweder sind sie in der Weise Russells kennzeichenbar und dann durch diese Kennzeichnung ersetzbar. Oder Grundindividuen werden gemäß der *Grundauffassung* durch eine Variable und einen, den Axiomen vorangesetzten Existenzquantor ersetzt. In jedem Fall scheinen Grundindividuen in einer axiomatischen Theorie überflüssig zu sein (RC 081-01-14 S.3). Umgekehrt kann ein absolutes Existenzaxiom durch eine Aussage über ein Grundindividuum ersetzt werden.

Auch Relationen können zur Kennzeichnung eines ihrer Glieder benutzt werden, nämlich dann „wenn es eine formale Eigenschaft in bezug auf [die Relation] R gibt, die nur dem x und keinem anderem R-Glied zukommt." (RC 081-01-12 S.1) Der Homotopie-Begriff kennzeichnet solche Individuen des Grundbereichs einer Relation, die aufgrund einer Symmetrieeigenschaft das genannte Kriterium sicher nicht erfüllen:

"Gibt es einen Isomorphiekorrelator S zwischen R und R selbst derart, daß xSx', so heissen die Glieder x und x' „homotop" (in bezug auf R)". Diejenigen Individuen, die R erfüllen und nicht homotop mit einem anderen Individuum sind, nennt Carnap „heterotope R-Glieder".

Das letzte Kapitel des vorgesehenen Teil II sollte bestimmte Themen der *Untersuchungen* wieder aufnehmen und vertiefen. Die Fragmente selbst geben keinen Aufschluß darüber, was genau unter der Frage der „logischen und axiomatischen Gleichmächtigkeit" von Mengen zu verstehen ist. Die Formulierung „scheinbare höhere Mächtigkeit" (siehe unten S. 155) weist auf ein Problem im Zusammenhang mit dem Cantorschen Satz hin, die höhere Mächtigkeit der Potenzmenge gegenüber der Menge selbst. Bemerkenswerterweise nimmt Carnap diesen Gedankengang sechs Jahre später in „Die Antinomien und die Unvollständigkeit der Mathematik" wieder auf:

> Das Beschränktheitsaxiom besagt, daß in dem in S [dem Zermelo-Fraenkel System der Mengenlehre] behandelten Mengenbereich, etwa B, nur diejenigen Mengen vorkommen, deren Existenz durch die anderen Axiome gefordert ist. Hiernach gibt es aber in B nur folgende Mengen: erstens zwei Ausgangsmengen, nämlich die Nullmenge und die durch Axiom VII geforderte abzählbar-unendliche Menge Z; zweitens diejenigen Mengen, die sich aufgrund jener Ausgangsmengen durch beliebige, aber endlichmalige Anwendung gewisser Konstruktionsschritte bilden lassen. Dabei gibt es nur sechs Arten von Konstruktionschritten (nämlich Bildung der Paarmenge, der Vereinigung, der Potenzmenge, der Aussonderungsmenge, der Auswahlmenge, der Ersetzungsmenge). Da hiernach nur abzählbar viele Mengen gebildet werden können, so gibt es nach dem Beschränktheitsaxiom in B nur abzählbar viele Mengen, folglich auch höchstens abzählbar viele Teilmengen von Z. (Carnap, 1934a, S. 281)

Daher kann die Potenzmenge von Z, so Carnap, keine höhere Mächtigkeit haben als Z selbst, im Widerspruch zum *Cantorschen Satz*. Für die Auflösung des Widerspruchs mit den begrifflichen Mitteln der *Logischen Syntax der Sprache* sei der Leser auf die Originalarbeit verwiesen.

Um einen Eindruck der Anlage des vorgesehenen zweiten Teils der *Untersuchungen zur allgemeinen Axiomatik* zu vermitteln, und der Vollständigkeit halber, geben wir beginnend mit Seite 153 Carnaps Arbeitsplan für Teil II wieder.

Zur Edition

Zur Textlage. Im folgenden wird eine Abhandlung Carnaps mit dem Titel *Untersuchungen zur allgemeinen Axiomatik* zum ersten Mal veröffentlicht. Dem abgedruckten Text liegt ein maschinengeschriebenes, mit handschriftlichen Bemerkungen in Langschrift versehenes, 105 Seiten umfassendes Manuskript der *Archives for Scientific Philosophy* der University of Pittsburgh Libraries, Special Collections Department, zugrunde. Die Paragraphen 1.1 - 2.4 und 2.12 - 3.8 basieren auf dem Manuskriptkonvolut mit der Signatur RC 080-34-03, die Paragraphen 2.5 - 2.11 auf RC 080-34-04. Die beiden Manuskriptteile stellen zusammen die letzte Fassung der *Untersuchungen zur allgemeinen Axiomatik* dar. Die im maschinengeschriebenen Text mit jenen übereinstimmenden Dokumente mit den Signaturen RC 080-34-02 und RC 080-34-05 sind Durchschläge, die Carnap zirkulieren ließ; die Ränder enthalten kurze, handschriftliche Notizen verschiedener Autoren, der Text in Reaktion darauf Streichungen, Einfügungen und Änderungen in Kurzschrift von Carnaps Hand. Der hier wiedergegebene Text war „Teil I" eines umfangreicheren Projekts Carnaps mit dem Arbeitstitel „Axiomatik". Von „Teil II" sind aus diesem Zeitraum lediglich (handschriftliche) Notizen und Fragmente erhalten (RC 080-01-01 bis RC 080-01-11, RC 080-01-19); vgl. dazu die Einleitung. Für diesen Teil haben wir auf Transkriptionen zurückgegriffen, die von Richard Nollan im Archiv angefertigt wurden.

Zur Datierung. Carnaps Arbeit am Axiomatikprojekt im Frühjahr 1928 ist detailliert belegt (vgl. RC 081-01-01 und 081-01-23). Die Seite 52 des Originals (RC 080-34-04) trägt die Jahreszahl 1928 und einen Stempel mit Carnaps *Prager Adresse*. (Vom Herbst 1926 bis zum Sommer 1931 war Carnap Privatdozent für Philosophie an der Universität

Wien; dann folgte er einem Ruf nach Prag.) Er verschickt Kopien des Manuskripts (Teil I) im Oktober 1928, und erhält briefliche Antworten im November und Januar 1929. Die hier wiedergegebene Fassung dürfte in der ersten Hälfte des Jahres 1929 abgeschlossen worden sein. Der Einfluß des 1928 erschienen Buches *Grundzüge der theoretischen Logik* von Hilbert und Ackermann auf Notation und Inhalt der *Untersuchungen* ist deutlich.

Zur Textgestaltung. Die von Carnap im maschinengeschriebenen Manuskript gestrichenen Passagen sind in Fußnoten wiedergegeben, wenn die Korrektur einschneidend genug erscheint. Anmerkungen der Herausgeber sind durch eckige Klammern im Text abgesetzt. Die von Carnap gewählte, an Hilbert und Ackermanns *Grundzüge der theoretischen Logik* angelehnte formale Symbolik ist weitgehend beibehalten worden. Ausnahmen: statt der handgeschriebenen Fraktur Großbuchstaben als Bezeichnung der über Modelle rangierenden Variablen im Manuskript (siehe § 1.3), verwenden wir die Buchstaben $\mathcal{P}, \mathcal{Q}, \mathcal{R}$; statt des „hohen Punkts" auf der Schreibmaschinentastatur verwenden wir das ′ als Trennzeichen der „Glieder eines einzelnen n-tupels" (siehe § 1.4); das $(\exists x)$ ersetzt $E(x)$ als Symbol des Existenzquantor. Von Carnap hervorgehobene Definitionen, Beispiele und Sätze sind, zwecks einfacherer Bezugnahme relativ zu Kapitel und Paragraph durchnummeriert worden. Satz 3.2.2.2 z. B. bezieht sich auf die zweite Behauptung von Satz 3.2.2 in Kapitel 3, Abschnitt 3.2. Carnaps Querverweise sind entsprechend angeglichen worden. Unterstrichene Worte im Typoskript werden hier kursiv wiedergegeben; wie in mathematischen Texten heute üblich haben wir Theoreme und Definitionen kursiv gesetzt. Engzeilig geschriebene Passagen sind aufgelöst und dem Rest des Texts angeglichen worden, sonst wurde die graphische Gestaltung des Texts erhalten. Abkürzungen sind ausgeschrieben, Orthographie und unüblich gewordene Schreibweisen sind vorsichtig modernisiert worden.

Rudolf Carnap

Untersuchungen
zur allgemeinen Axiomatik

Literatur- und Abkürzungsverzeichnis

Für die am häufigsten zitierten Schriften werden die folgenden Abkürzungen benutzt.[†]

UNEIG.	*Carnap*, Eigentliche und uneigentliche Begriffe. Symposion I, 355 - 374, 1927.
LOGISTIK	*Carnap*, Abriss der Logistik, mit besonderer Berücksichtigung der Relationstheorie und ihrer Anwendungen. Wien 1929.
MENGENL.	*Fraenkel*, Einleitung in die Mengenlehre. 3.A. Berlin 1928.
GEOM.	*Hilbert*, Grundlagen der Geometrie. 5.A. Leipzig 1922.
LOGIK	*Hilbert* und *Ackermann*, Grundzüge der theoretischen Logik. Berlin 1928.
MATH.PHIL.	*Russell*, Einführung in die mathematische Philosophie. München 1923.
PRINC.MATH.	*Whitehead* und *Russell*, Principia Mathematica. 2.A. I-III, Cambridge 1925-27.

[†][Alle Seitenangaben Carnaps beziehen sich auf diese Werke. Literaturhinweise, die zwar im Typoskript vorkommen, die Carnap aber nicht in dieses Verzeichnis aufgenommen hat, finden sich mit einem Sternchen kenntlich gemacht in der Bibliographie am Ende. Sie wurde von den Herausgebern erstellt.]

1
Die Grunddisziplin

1.1 Aufgabestellung

Durch die neueren Untersuchungen über allgemeine Eigenschaften von Axiomensystemen, wie: Vollständigkeit, Monomorphie (Kategorizität), Entscheidungsdefinitheit, Widerspruchsfreiheit u.a., und über die Probleme der Kriterien und der gegenseitigen Beziehungen dieser Eigenschaften ist immer deutlicher geworden, daß die Hauptschwierigkeit der Probleme in der ungenügenden Schärfe der verwendeten Begriffe liegt. Da wichtigste Erfordernis für eine fruchtbare Behandlung der vorliegenden Probleme ist einerseits eine ausdrückliche *Festlegung der jeweils verwendeten logischen Basis*, die meist nicht genau umrissen wird, und andererseits eine *Aufstellung scharfer Begriffsbestimmungen* aufgrund dieser Basis. Es soll hier versucht werden, diese beiden Forderungen zu erfüllen und dann durch die Ableitung einer Reihe von *Lehrsätzen der allgemeinen Axiomatik* die Fruchtbarkeit des gelegten Fundamentes zu erweisen. Unter „allgemeiner Axiomatik" ist dabei die Theorie der allgemeinen, logisch-formalen Eigenschaften von Axiomensystemen und der Beziehungen zwischen Axiomensystemen verstanden, zur Unterscheidung etwa von einer „speziellen Axiomatik", die sich mit bestimmten einzelnen Axiomensystemen befaßt (z. B. einem Axiomensystem der euklidischen Geometrie, der Mengenlehre, usw.).

Die Untersuchung benutzt die Hilfsmittel der neuen Logik. Die wichtigsten Begriffe und Lehrsätze der Logik, soweit sie in den Untersuchungen verwendet werden sollen, werden vorher kurz zusammengestellt und erläutert. Dabei wird die Verwendung symbolischer Zeichen wesentlich dazu beitragen, die Forderung der begrifflichen Schärfe zu erfüllen. Es genügt hierfür die Verwendung einer kleinen Zahl von Zeichen; und zwar werden wir die Hilbertsche Symbolik verwenden, da diese bei den deutschen Mathematikern am meisten gebräuchlich ist.

1.2 Notwendigkeit einer Grunddisziplin

Aus einem vorgelegten Axiomensystem können nur Folgerungen gezogen werden, wenn noch allgemeine Regeln des Folgerns gegeben werden. Jede Behandlung und Prüfung eines Axiomensystems setzt also eine Logik voraus, und zwar eine inhaltliche Logik, d.h. ein System von Sätzen, die nicht bloße Zeichenzusammenstellungen sind, sondern eine bestimmte Bedeutung haben. Denn sonst würden sie uns nicht in den Stand setzen, zu handeln; und Deduzieren ist Handeln, denn es bedeutet: aus vorgegebenen Zeichenzusammenstellungen nach festen Regeln andere Zusammenstellungen bilden.

Im Unterschied zu den logischen Zeichen haben die *„Grundzeichen"*, die Zeichen der *„Grundbegriffe"* eines Axiomensystems keine bestimmte Bedeutung. Denn das ist ja gerade das Wesentliche eines Axiomensystems, daß es nicht auf ein bestimmtes Anwendungsgebiet festgelegt ist, daß es nicht von Gegenständen handelt, die an sich schon bestimmt sind, sondern von Unbestimmtem, das seine einzige Bestimmung erst durch das Axiomensystem erhält. Hieraus geht hervor, daß das System der logischen Sätze, dessen Voranstellung wir für jede Axiomatik gefordert haben, nicht selbst ein Axiomensystem in dem hier gemeinten Sinne sein kann. Man pflegt zwar auch von logischen Axiomen zu sprechen; wir wollen sie lieber logische *„Grundsätze"* nennen, um ihren, von den Axiomen eines Axiomensystems gänzlich verschiedenen Charakter zu betonen.

In ähnlichem Sinne, wie wir hier die Voranstellung einer inhaltlichen Logik fordern, wird zuweilen die Voranstellung einer „inhaltlichen" oder „absoluten" Mengenlehre oder einer „absoluten Arithmetik" oder Kombinatorik gefordert. Diese verschiednen Forderungen stimmen darin überein, daß jede Axiomatik eine *Grunddisziplin* voraussetzt, und zwar als eine inhaltliche Disziplin, d.h. als eine, deren Begriffe eine bestimmte Bedeutung haben.[1] Die Forderung einer „absoluten Mengenlehre" oder einer „absoluten Arithmetik" ist insofern berechtigt, als die zu fordernde Grunddisziplin unter ihren Begriffen sicher auch mengentheoretische Begriffe wie Menge, Mächtigkeit, geordnete Menge, eineindeutige Zuordnungen usw., und auch arithmetische Begriffe wie Anzahl, eins, zwei, drei, usw. besitzen muß, um als Basis für die Axiomatik dienen zu können. Aber sie darf nicht nur Begriffe der genannten Art und Lehrsätze über solche Begriffe enthalten. Denn mit solchen Begriffen alleine lassen sich keine Regeln des Folgerns aufstellen, des Verwandelns von Sätzen in andere Sätze. Hierfür sind spezifisch *logische* Begriffe erforderlich, wie: Implikation, und, oder, alle, es gibt. Und in der Tat pflegt auch jede Theorie der Axiomatik von diesen Begriffen zu sagen, daß ihre Anwendung zulässig und notwendig ist. Aber um diese logischen Begriffe *anwenden* zu können, müssen wir Sätze über sie in der Hand haben, also *logische Lehrsätze*. Die Voranstellung einer absoluten Mengenlehre oder absoluten Arithmetik genügt also nicht. *Die Grunddisziplin muß Lehrsätze über logische, mengentheoretische und arithmetische Begriffe enthalten.*

1.3 Die Begriffe der Grunddisziplin

In der erforderten Grunddisziplin kann also die Logik nicht entbehrt werden. Andererseits aber können Mengenlehre und Arithmetik als selbständige Teile vielleicht entbehrt werden, da nach einer von Frege, Whitehead und besonders Russell ausgebauten Theorie alle Begriffe der Mengenlehre und Arithmetik aus den genannten logischen Begrif-

---

[1][Gestrichen:] Auf die besonders von den Intuitionisten betonte, erkenntnistheoretische Frage nach der Art der Gegebenheit dieser ersten Bedeutungen braucht hier nicht eingegangen zu werden, wir setzen die Bedeutungen hier voraus und knüpfen im folgenden nur logische, keine erkenntnistheoretischen Erörterungen daran.

fen hergeleitet werden können.² Die Ergebnisse der folgenden Untersuchungen axiomatischer Probleme sind jedoch unabhängig von dieser Auffassung.³ Die in der Frage der Begründung der Mathematik auseinandergehenden Richtungen werden darüber einig sein, daß in der Grunddisziplin die üblichen arithmetischen, die üblichen mengentheoretischen und außerdem noch logische Begriffe vorkommen müssen; die Begriffe dieser Gebiete wollen wir (nur der Kürze halber) mit der zusammenfassenden Bezeichnung *„logische Begriffe"* benennen.

Über den Bestand der Grunddisziplin an *Begriffen der Arithmetik und der Mengenlehre* brauchen wir keine genauere Aufstellung zu geben, da hierüber keine wesentlichen Meinungsverschiedenheiten bestehen.⁴

Die arithmetischen und mengentheoretischen Begriffe der Grunddisziplin müssen wohl unterschieden werden von den ihnen entsprechenden, meist gleichbenannten Begriffen einer axiomatischen Arithmetik bezw. einer axiomatischen Mengenlehre. Nehmen wir als Beispiel

---

²[Gestrichen:] Andererseits aber können Mengenlehre und Arithmetik als selbständige Teile vielleicht entbehrt werden. Denn die genannten und alle übrigen Begriffe der Mengenlehre und Arithmetik können aus den genannten logischen Begriffen hergeleitet werden, und alle mengentheoretischen und arithmetischen Lehrsätze über sie können abgeleitet werden aus den Grundsätzen der Logik. Das ist zuerst von Frege gezeigt und dann von Whitehead und Russell in einem vollständigen Systemaufbau durchgeführt worden. Aus diesem Grunde mag man die Grunddisziplin auch kurz als *„Logik"* bezeichnen. Doch ist das im wesentlichen eine terminologische Frage. Denn über den Bereich der erforderlichen Begriffe werden kaum erhebliche Meinungsunterschiede bestehen. Wem der Name *Logik* zu einseitig klingt, mag auch für das Gebiet der Lehrsätze über (im engeren Sinne) logische, über mengentheoretische und über arithmetische Begriffe den *neutralen Ausdruck „Grunddisziplin"* beibehalten.

³[Gestrichen:] Für die folgenden Untersuchungen axiomatischer Probleme ist es indessen nicht von Belang, ob die mengentheoretischen und die arithmetischen Begriffe als selbständige Grundbegriffe aufgestellt oder aus denen der Logik abgeleitet werden. Die Ergebnisse sind also unabhängig von der genannten (Russellschen) Auffassung.

⁴[Gestrichen:] Problematisch sind ja meist nur die uns hier nicht berührenden Fragen der gegenseitigen Ableitungbeziehungen (z. B. ob die reellen Zahlen aufgrund der rationalen definiert werden sollen oder als neue Grundbegriffe auftreten); über den Umfang der erforderlichen und zulässigen Begriffe herrscht im Ganzen Einigkeit.

eines arithmetischen Axiomensystems das Peanosche Axiomensystem der natürlichen Zahlen; in ihm treten der Zahlbegriff und die einzelnen Zahlen 0, 1, 2 usw. auf. Wir unterscheiden sie als *„Peanosche Zahlen"*, „Peanosche Null" usw. von den *„logischen Zahlen"*, „logischen Null" usw. Letztere haben, als logische Begriffe, eine ganz bestimmte Bedeutung; erstere dagegen sind, als Begriffe eines Axiomensystems, von unbestimmter Bedeutung und daher in den verschiedensten Gebieten anwendbar (vgl. § 1.2, § 2.3; Carnap UNEIG. S. 361). Für den logischen Mengenbegriff nehmen wir den Begriff *„Klasse"* (gemäß dem Sprachgebrauch der Logistik) oder „einstellige Relation" (vgl. § 1.5). Unter einer *„Menge"* verstehen wir nicht diesen logischen Begriff, sondern stets den entsprechenden Begriff einer axiomatischen Mengenlehre; da es verschiedene, nicht äquivalente Axiomensysteme der Mengenlehre gibt, so sind etwa „Zermelosche", „Fraenkelsche", ... Mengen zu unterscheiden.

Welchen Bestand der Grunddisziplin an logischen Begriffen (im engeren Sinne) wir hier voraussetzen wollen, darüber müssen wir genauer Rechenschaft geben, da es kein allgemein anerkanntes System der Logik gibt. Wir werden diese Begriffe und die Lehrsätze über sie so verwenden, wie sie in der neueren, von Mathematikern (Frege, Peano, Schröder, Russell, Whitehead, Hilbert) entwickelten Logik aufzutreten pflegen. Im folgenden stellen wir die wichtigsten Begriffe zusammen und geben für einige die symbolischen Zeichen an.[5] (Ausführlichere Einführungen in die neuere Logik findet man in: Hilbert LOGIK und Carnap LOGISTIK. Die erstere Schrift verwendet die hier benutzte Symbolik; die zweite geht ausführlicher auf die Relationstheorie ein, verwendet aber eine andere, von Russell stammende Symbolik.)

Verknüpfungen von Aussagen Negat „non-p" ($\bar{p}$); Konjunktion „p

---

[5][Gestrichen:] Die alte Logik ist für die Untersuchungen der allgemeinen Axiomatik ebenso wenig brauchbar, wie sie es in den Untersuchungen der letzen Jahrzehnte über die Grundlagen der Mathematik gewesen ist. Wir geben zunächst eine kurze Zusammenstellung der wichtigsten logischen Begriffe, die in den folgenden Untersuchungen benutzt werden. Für einige Begriffe geben wir auch die symbolischen Zeichen an, weil diese bei axiomatischen Untersuchungen, die ja meist von Mathematikern verfaßt und gelesen werden, am meisten üblich ist. Wir müssen uns hier mit kurzen Erläuterungen der Begriffe begnügen.

und q" ($p\&q$); Disjunktion „p oder q" ($p \vee q$; das „oder" im nichtauschließenden Sinne); Implikation „wenn p, so q" (genauer: „non-p oder q") ($p \to q$); Äquivalenz „p äquivalent q" ($p \sim q$; gegenseitige Implikation).

Aussagefunktionen Z.B. fx, $g(x,y)$. Die *Variablen* (allgemein: $x, y, \ldots$; für Relationen: $P, Q, \ldots$; für Modelle : $\mathcal{R}, \mathcal{P}, \ldots$) bezeichnen die „Argumentstellen"; für sie können *Konstante* (allgemein: $a, b, \ldots$; für Relationen: $R_1, \ldots, A, B, \ldots$; für Modelle: $\mathcal{R}_1, \mathcal{P}_1, \ldots, \mathcal{A}, \mathcal{B}, \ldots$) eingesetzt werden; bei n Argumentstellen: „n-stellige" Funktion. Durch Einsetzung von „zulässigen Werten" der Variablen entsteht aus der Funktion eine (wahre oder falsche) Aussage. a „befriedigt" die Funktion fx, wenn fa wahr ist. Verknüpfungen der Funktionen wie bei den Aussagen.

Allaussage $(x)fx$ bedeutet: für jedes x gilt fx; entsprechend: $(x,y)g(x,y)$ usw.

Existenzaussage $(\exists x)fx$ bedeutet: es gibt ein x, für das fx gilt; entsprechend $(\exists x,y)g(x,y)$ usw.

Tritt die Variable x der Funktion fx zugleich in dem „Alloperator" (x) oder in dem „Existenzoperator" $(\exists x)$ auf, so heißt sie eine gebundene Variable, andernfalls eine „freie Variable". Den Verneinungsstrich schreiben wir der Einfachheit halber nur über das Funktionszeichen bezw. über den Operator: $\bar{f}x$, $(\bar{x})fx$, $(\bar{\exists})fx$.

Identität: $=$; Verschiedenheit: $\neq$; Definitionszeichen: $=_{Df.}$ „Generelle Implikation": $(x)(fx \to gx)$; „generelle Äquivalenz": $(x)(fx \sim gx)$. Generell äquivalente Funktionen heißen auch „umfangsgleich". Eine logische (d.h. keine nichtlogischen Konstanten enthaltende, § 2.1) Aussagefunktion hx heißt eine tautologische Aussagefunktion, wenn die Aussage $(x)hx$ („Tautologie") gilt. Wo es ohne Mehrdeutigkeit möglich ist, schreiben wir abkürzend ohne Variable: $f \to g$ für $(x)(fx \to gx)$; $f \sim g$ für $(x)(fx \sim gx)$; $(\exists)f$ für $(\exists x)fx$, usw. Ist in einem Beweise eine Formel aus den vorhergehenden durch die Schlußregel (Implikationsregel) abgeleitet, so machen wir das dadurch kenntlich, daß wir

($\to$) vor die abgeleitete Formel schreiben oder, wenn es sich um eine äquivalente Umformung handelt: ($\sim$). ($\to$) ist also etwa zu lesen: „hieraus folgt", ($\sim$): „dies ist gleichbedeutend mit". Besteht ein Beweis aus lauter äquivalenten Ableitungen, so kann er umgekehrt werden.

1.4 Relationstheorie

Auf das Gebiet der Logik, das sich mit „Relationen" befaßt, müssen wir etwas näher eingehen, da die Relationen in unserer Theorie der allgemeinen Axiomatik als wichtigste Begriffe vorkommen: sowohl die Axiomensysteme und die einzelnen Axiome, als auch die sogenannten „Grundbegriffe" eines Axiomensystems sollen hier als Relationen aufgefaßt werden. Auch hier müssen wir uns mit dem Wichtigsten begnügen.[6]

„Relationen" sind Aussagefunktionen in „extensionaler" Betrachtung, d.h. in einer Betrachtung, die von den inhaltlichen Bestimmungen der Funktionen absieht und nur auf ihren „Umfang" achtet, d.h. darauf, durch welche Argumentwerte die Funktion befriedigt wird; daher werden umfangsgleiche Funktionen als identisch behandelt. Bei den Relationsbezeichnungen lassen wir häufig die Variablen fort, schreiben z. B. „A" anstatt „Ax", „B" anstatt „$B(x,y)$" usw., nämlich dann, wenn eine Relation als Argument auftritt: fA, $A(R)$. Variable Relationen bezeichnen wir gewöhnlich mit $P, Q, R \ldots$; konstante Relationen mit $P_1, P_2, \ldots$ (Werte von P), $Q_1, \ldots, A, B, C \ldots$

Nach der Zahl der Argumentstellen unterscheiden wir „einstellige", „zweistellige" usf. Relationen. Die einstelligen Relationen heißen auch *„Klassen"*; wir fassen hier also die Klassen (nach dem Vorgange von Weyl) mit unter den Terminus „Relationen", was die Begriffsbildung und die Formulierung der Theorie sehr vereinfacht. Die zweistelligen Relationen sind diejenigen, die man gewöhnlich schlichtweg „Relationen" nennt.

Gilt $P(a,b,c)$, so heißt (a,b,c) ein „befriedigendes Wertesystem"

---

[6][Gestrichen:] ... ausführlichere Darstellungen gibt es ja an verschiedenen anderen Stellen.

von P. a, b, c sind „Glieder" von P; a ist ein „Erstglied", b ein „Zweitglied", c ein „Drittglied". Ein befriedigendes Wertesystem einer n-stelligen Relation heißt „(Glieder-)n-Tupel" der Relation („Element", „(Glieder-)Paar", „(Glieder-)Tripel" usw.) Die Klasse der vorkommenden Erstglieder, die der Zweitglieder, ... die der n-ten Glieder einer Relation heißt ihr „Erstbereich", „Zweitbereich", ... „n-ter Bereich"; die Klasse der Glieder (also die Vereinigung der Bereiche) heißt die „Gesamtbereich" (oder „Feld") der Relation.[7] Hat eine Relation m befriedigende Wertesysteme, so heißt sie „*m-wertig*"; die nullwertigen Relationen heißen „*leer*", die übrigen „*erfüllt*". Ist m die Anzahl der Glieder einer Relation, so heißt sie „*m-gliedrig*".

In der Relationentheorie werden nur Relationen mit endlicher Stellenzahl behandelt; (und zwar ist meist die Stellenzahl 1 oder 2). Die Gliederzahl (und zugleich die Zahl der Wertesysteme) kann dagegen endlich oder unendlich sein: „endliche" bzw. „unendliche" Relationen.

Da die Relationen extensional gemeint sind, so genügt zur Angabe einer Relation die Angabe ihres „Bestandes", d.h. ihrer Glieder-n-tupel. Der Bestand kann entweder (aber nur bei endlichen Relationen) direkt durch Aufzählung angegeben werden („Bestandliste", „Elementeliste", „Paarliste", ... „n-tupel-Liste"), oder aber indirekt durch ein Funktionalgesetz (d.h. durch Angabe seiner die relation bestimmenden Aussagefunktion, z. B.: „x, y, z sind natürliche Zahlen; $x + 1 = y$, $y + 1 = z$"). Die *Bestandsliste* schreiben wir in eckiger Klammer, die Glieder-n-tupel durch Kommata getrennt, die Glieder des einzelnen n-tupels durch hohe Punkte getrennt; Beispiele mit natürlichen Zahlen als Gliedern: Klasse A= [1,3,5,7], vier(wert)ige, dreistellige, fünfgliedrige Relation B= [1'2'3, 1'4'5, 2'2'2, 3'2'1] . Die Reihenfolge der n-tupel ist gleichgültig; die Reihenfolge der Glieder des einzelnen n-tupels ist dagegen von Bedeutung.

Besitzt die Relation R die gemeinsamen n-Tupel[8] der n-stelligen Relation P und Q und nur diese, so heißt R der „*Durchschnitt*" von P und Q; besitzt R sowohl die n-tupel von P wie die von Q, und nur

---

[7][Gestrichen:] ... die Klasse der Glieder (falls sie existiert, vgl. § 1.7) heißt das „*Feld*".

[8][Im Original: r statt R.]

1.4 Relationstheorie

diese, so heißt R die „*Vereinigung*" von P und Q. Ist der Durchschnitt von P und Q leer, so heißen P und Q „fremd". Ist jedes n-tupel von P auch ein solches von Q, so heißt P eine „*Teilrelation*" von Q; in Zeichen: $Trl(P,Q)$; die Definition lautet (die genaue Form kann nicht allgemein, sondern nur für bestimmte Stellenzahlen gegeben werden):

Definition 1.4.1

$$Trl(P,Q) =_{Df} (u,v,\ldots z)[P(u,v,\ldots z) \to Q(u,v,\ldots z)].$$

Für die nächst den Klassen am meisten verwendete Art von Relationen, die *zweistelligen Relationen*, werden noch folgende Begriffe benutzt. Die Erstglieder heißen hier auch „Vorderglieder", die Zweitglieder „Hinterglieder", der Erstbereich „Vorbereich", der Zweitbereich „Nachbereich". Entstehen die Paare von P aus denen von Q durch „Umkehrung", d.h. durch Vertauschung der beiden Glieder in jedem Paare, so heißt P die „*Konverse*" von Q. Eine Relation heißt „voreindeutig", wenn jedem Hinterglied nur ein Vorderglied zugeordnet ist; „nacheindeutig", wenn jedem Vorderglied nur ein Hintergleid zugeordnet ist; „*eineindeutig*", wenn beides der Fall ist. Für „P ist eineindeutig" schreiben wir in Formelzeichen: „$Unun(P)$"; die Definition dieses später noch benutzten Begriffs lautet[9]:

Definition 1.4.2

$$Unun(P) =_{Df} (x,y,u)[(P(x,u)\&P(y,u)) \to x=y] \&$$
$$(x,y,v)[(P(x,u)\&P(x,v)) \to u=v].$$

Gilt $R(x,z)$ dann und nur dann[10], wenn $P(x,y)$ und $Q(y,z)$ gilt, so heißt R die „*Verkettung*" (oder das „Relationsprodukt") von P und Q. Weitere Begriffe werden später bei den zweistelligen, homogenen Relationen angegeben (§ 1.7).

---

[9][Carnap verwendet auf der linken Seite der folgenden Definition im Manuskript irrtümlich die (von ihm ersetzte) Abkürzung „*Eineind(P)*".]
[10][Neben dieser Zeile steht im Manuskript ein Fragezeichen.]

1.5 Typentheorie

Damit in der Logik keine Widersprüche in der Art der logischen „Antinomien" (die mit den „Paradoxien" der Mengenlehre zusammenhängen) auftreten, müssen die Vorschriften der Typentheorie beachtet werden. Diese Theorie ist unverdient zum Schreckgespenst geworden; sie kann aber in sehr einfacher Form dargestellt werden.

Die Gegenstände (Relationen und Relationsglieder) irgend eines Zusammenhanges werden zunächst in folgende „*Stufen*" eingeteilt. Auf der „*nullten Stufe*" stehen die „*Individuen*" des betreffenden Zusammenhangs; so werden diejenigen Gegenstände bezeichnet, die in dem Zusammenhang nur als Relationsglieder vorkommen, deren Relationscharakter, falls er besteht, innerhalb des betreffenden Zusammenhangs also nicht von Bedeutung ist.[11] Der Begriff „Individuum" ist ein relativer Begriff: derselbe Gegenstand, der in einem gewissen Zusammenhange Individuum ist, kann in einem erweiterten Zusammenhange Relation sein, indem hier die Glieder von ihm auftreten, während von solchen in dem ersten Zusammenhang nicht die Rede ist. Relationen „erster Stufe" sind diejenigen, deren Glieder von nullter Stufe, also Individuen sind. Hat eine Relation Glieder n-ter, aber nicht von höherer Stufe, so ist sie selbst von $(n+1)$-ter Stufe.

Nun wird weiter eingeteilt in „*Typen*". Auf der nullten Stufe gibt es nur einen Typus, den der Individuen; wir bezeichnen ihn mit t0. Die Typusbezeichnung für irgend eine Relation wird gebildet, indem man die Typuszeichen (ohne „t") der Erstglieder, der Zweitglieder, ... der n-ten Glieder ungetrennt hintereinander schreibt, das Ganze in eine Klammer schließt und „t" davor setzt. Daraus ergibt sich das Folgende. Da die Relationen erster Stufe nur Individuen zu Gliedern haben können, so sind alle einstelligen Relationen erster Stufe von gleichem Typus, nämlich t(0); ebenso die zweistelligen, nämlich t(00); die dreistelligen: t(000); usf. Die Relationen zweiter Stufe können sowohl Individuen als auch Relationen erster Stufe zu Gliedern haben; hier gibt

---

[11][Gestrichen:] Auf der „nullten Stufe" stehen die „Individuen" des betreffenden Zusammenhangs; so werden diejenigen Begriffe bezeichnet, die in dem Zusammenhang nicht als Relationen, sondern nur als Relationsglieder vorkommen.

es daher schon eine große Mannigfaltigkeit von Typen; z. B. einstellige: t((0)), t((00)) ... ; zweistellige: t(0(0)), t((0)(0)), t((0)0), t(0(0000)) (dies sind zweistellige Relationen, deren Vorderglieder Individuen, deren Hinterglieder vierstellige Relationen zwischen Individuen sind), usf. Für die Typusbezeichnung der Klassen (einstellige Relationen) führen wir noch folgende Vereinfachung ein: für (0) schreiben wir auch „1", für (1) schreiben wir auch „2", für (2) schreiben wir auch „3", usf.; t(002) ist z. B. der Typus der dreistelligen Relationen, deren Erst- und Zweitglieder Individuen sind und deren Drittglieder den Typus t2 haben, also Klassen von Klassen sind. Die *Stufenzahl* kann aus einem Typenausdruck, etwa t($\rho(\sigma)$) bestimmt werden als die größte der Summen, die sich ergeben, wenn man zu einer in dem Ausdruck vorkommenden Zahl die Anzahl der sie einschließenden Klammern addiert (im Beispiel: ($\rho + 1, \sigma + 2$)).

Die Einteilung in Typen läßt sich auch kurz so zusammenfassen: zwei Individuen sind stets „*isotyp*", d.h. von gleichem Typus; zwei Relationen sind dann und nur dann isotyp, wenn ihre gleichstelligen Glieder - soweit diese nicht als Individuen fungieren, auch deren entsprechend gleichstellige Glieder, usf. - isotyp sind.

Wir bezeichnen als „*zulässige Argumentwerte*" einer bestimmten Argumentstelle einer Aussagefunktion solche Werte, deren Einsetzung sinnvolle Sätze entstehen, gleichgültig, ob wahre oder falsche. Entsprechend heißen die n-ten Glieder und nicht-Glieder einer Relation „*zulässige Werte*" der n-ten Stelle.

Die ganze Typentheorie besteht nun in der folgenden „*Typenregel*": die zulässigen Argumentwerte einer bestimmten Stelle einer bestimmten Aussagefunktion, also auch *die zulässigen Werte einer bestimmten Stelle einer Relation müssen isotyp sein*. Diese Regel ist bei der dargestellten Typeneinteilung schon berücksichtigt. Aus der Regel folgt z. B.: ist fa sinnvoll (wahr oder falsch), und sind a und b nicht isotyp, so stellt fb keine Aussage dar, sondern ist eine sinnlose Zeichenzusammenstellung. Auf die noch umstrittene Frage, ob die Typenregel nur eine zweckmäßige Festsetzung sei oder aber der Ausdruck für einen an sich bestehenden logischen Sachverhalt, braucht hier nicht eingegangen zu werden. Es sei hier nur vermerkt, daß bisher kein befriedigendes System der Logik aufgestellt worden ist, das ohne Typentheorie die Widersprüche zu vermeiden imstande wäre.¹² Um die Typenregel verständlich und vielleicht auch ein wenig einleuchtend zu machen, möge darauf hingewiesen werden, daß die Regel nichts anderes besagt als: eine Eigenschaft, die für irgendwelche Gegenstände mit Sinn (gleichviel, ob wahr oder falsch) ausgesagt werden kann, kann nicht mit Sinn ausgesagt werden von einer Eigenschaft (Klasse) dieser Gegenstände oder von einer Beziehung (Relation) zwischen diesen Gegenständen.

Durch Anwendung der Typenregel auf *Klassen* ergibt sich folgendes. 1) Alle Elemente einer Klasse sind isotyp. 2) Die Zugehörigkeit oder Nichtzugehörigkeit einer Klasse zu sich selbst kann nicht mit Sinn ausgesagt werden. 3) Nur isotype Klassen haben eine Vereinigung und einen Durchschnitt.

1.6 Isomorphie

Während gleichstellige Glieder einer Relation isotyp sein müssen, dürfen Glieder verschiedener Stelle derselben Relation verschiedenen Typus haben. Sind alle Glieder einer Relation isotyp, so heißt die Relation „*homogen*", andernfalls *inhomogen*. Nur bei einer homogenen Relation sind die Bereiche isotyp; daher haben nur homogene Relationen einen *Gesamtbereich* (vgl. oben Satz 3 über die Klassen).

Die gebräuchlichsten Relationen (außer den Klassen) sind die *zweistelligen, homogenen Relationen*.¹³ Auf solche beziehen sich die fol-

---

[12]Die Typentheorie ist von Russell aufgestellt worden. Die Gegnerschaft gegen sie beruht zu einem wesentlichem Teil darauf, daß sie ursprünglich in einer Gestalt aufgestellt wurde, die unnötige Komplikationen enthält. Vgl. Carnap LOGISTIK §§ 9, 13. Auch Hilbert LOGIK S. 114f. nimmt die oben dargestellte vereinfachte Gestalt der Typentheorie an. Zur *Terminologie*: es sind zu unterscheiden 1) „Stufe", 2) „Typus" (Russell „typ", Hilbert „Stufe"), 3) (nur für die hier nicht angewendete „verzweigte Typeneinteilung":) „Ordnung" (Russell „order", Hilbert „Stufe", „eigentliche Stufenunterscheidung").

[13][Gestrichen:] Ist eine solche außerdem noch von erster Stufe, also vom Typus t(00), so heißt sie eine „*gemeine Relation*". Die folgenden wichtigen Begriffe der Relationstheorie beziehen sich nur auf zweistellige, homogene Relationen; sie werden vor allem bei gemeinen Relationen angewendet. Die Vorderglieder, die nicht Hinterglieder sind, heißen „Anfangsglieder"; die Hinterglieder, die nicht Vorderglieder sind, „Endglieder"; die Vorderglieder, die auch Hinterglieder sind, „Doppelglieder".

genden wichtigen Begriffe der Relationstheorie. Die Vorderglieder, die nicht Hinterglieder sind, heißen „Anfangsglieder"; die Hinterglieder, die nicht Vorderglieder sind, „Endglieder"; die Vorderglieder, die auch Hinterglieder sind, „Mittelglieder". Hat eine Relation mindestens ein Mittelglied, so möge sie „ungespalten" heißen; andernfalls, wenn also Vor- und Nachbereich fremd sind, „gespalten". Folgt aus $P(x,y)$ in jedem Falle $P(y,x)$, so heißt P „*symmetrisch*", wenn nicht in jedem Falle: „nichtsymmetrisch", wenn in keinem Falle: „asymmetrisch."Gilt für jedes Glied x $P(x,x)$, so heißt P „*reflexiv*", wenn nicht für jedes: „nichtreflexiv", wenn für keins: „irreflexiv". Folgt aus $P(x,y)$ und $P(y,z)$ in jedem Falle $P(x,z)$, so heißt P „*transitiv*", wenn nicht in jedem Falle: „nichttransitiv", wenn in keinem Falle: „intransitiv". Eine Relation heißt „zusammenhängend", wenn jedes nicht-identische Paar von P-Gliedern mindestens in einer Reihenfolge ein P-Paar ist. Eine Relation heißt eine „Reihe", wenn sie irreflexiv und transitiv (daher asymmetrisch) und zusammenhängend ist.

Einer der wichtigsten Begriffe für die allgemeine Axiomatik ist der der Isomorphie.

Definition 1.6.1 *Zwei homogene n-stellige Relationen P, Q heißen „isomorph" (mit einander), wenn es einen „(Isomorphie-)Korrelator" S zwischen P und Q gibt, d.h. eine Relation, die die P-Glieder den Q-Gliedern eineindeutig so zuordnet, daß einem P-n-tupel stets ein Q-n-tupel entspricht und umgekehrt.*

Sollen P und Q isomorph sein (oder auch nicht-isomorph, d.h. soll die Isomorphiefrage für P und Q überhaupt einen Sinn haben), so müssen beide Relationen homogen sein und dieselbe Stellenzahl haben. (Ein erweiterter Isomorphiebegriff, der auch auf inhomogene Relationen anwendbar ist, wird später eingeführt, § 2.9.) Die Relationen können von gleichem oder auch von verschiedenem Typus sein; im ersten Falle ist der Korrelator homogen, im zweiten Fall inhomogen. Für „P und Q sind isomorph" schreiben wir in *Formelzeichen*: $Ism(P,Q)$. Die Formel für die Definition der Isomorphie kann nicht allgemein aufgestellt werden; ihre Form hängt von der Stellenzahl ab. Beispiel für dreistellige Relationen (über Eineindeutigkeit vgl. § 1.4):

Definition 1.6.2

$$Ism(P,Q) =_{Df} (\exists S)\{Unun(S) \&$$
$$(x,y,z)[P(x,y,z) \to (\exists u,v,w)(S(x,u)\&S(y,v)\&S(z,w)$$
$$\&Q(u,v,w))] \& (u,v,w)[Q(u,v,w) \to (\exists x,y,z)(S(x,u)$$
$$\&S(y,v)\&S(z,w)\&P(x,y,z))]\}.$$

Anwendung der Definition auf einstellige Relationen (Klassen): Zwei *Klassen* P,Q heißen „isomorph" oder „*gleichmächtig*", wenn es zwischen den Elementen von P und denen von Q eine eineindeutige Relation gibt, einen „(Mächtigkeits-)Korrelator". Die Gleichmächtigkeit ist also ein Sonderfall der Isomorphie. Die Isomorphie im definierten Sinne bildet wiederum einen Sonderfall eines allgemeineren Begriffs, der „mehrstufigen Isomorphie" (§ 2.9).

1.7 Die Relationsstrukturen

Sind P und Q isomorph, so sagen wir auch: sie haben „dieselbe *Struktur*" (oder „Relationszahl"); bei Klassen auch: „Mächtigkeit" (oder „Kardinalzahl"). Die Klasse aller zu P isomorpher Relationen (eines bestimmten Typus) heißt die „*Isomorphieklasse*" von P (in dem betreffenden Typus). (In der Logistik pflegt man die Strukturen, also auch die Mächtigkeiten, in Form der Isomorphieklassen zu definieren. Um von dieser nicht allgemein anerkannten Auffassung unabhängig zu sein, wollen wir im Folgenden die beiden Termini „Struktur" und „Isomorphieklasse" getrennt verwenden, jene für die Eigenschaft, diesen für den Umfang der Eigenschaft. Es ist jedoch zu beachten, daß bei diesem Vorgehen für den ersteren Terminus („Struktur", und ebenso „Mächtigkeit") keine exakte Definition gegeben werden kann.)

P und Q seien zwei *endliche* isomorphe Relationen, deren Bestandslisten vorliegen. Die Listen brauchen nicht „analoge Anordnung" zu haben, da ja die Reihenfolge der n-tupel innerhalb der Liste gleichgültig ist. Wir können aber eine Liste für Q herstellen, die eine „analoge Anordnung" zu der P-Liste hat, indem wir die P-Liste gemäß der isomorphen Zuordnung transformieren, d.h. so umschreiben, daß wir für

1.7 Die Relationsstrukturen

jedes P-Glied das ihm zugeordnete Q-Glied einsetzen. Und offenbar gilt auch das Umgekehrte: wenn wir die Bestandsliste einer Relation R (durch Änderung der Reihenfolge der n-tupel) in eine zur Bestandsliste von P analoge Anordnung bringen können, so sind P und R isomorph. Die Struktur, die gemeinsame Form von P und R kann daher dadurch angegeben werden, daß ein Bestandslistenschema angegeben wird, nachdem sowohl die Bestandsliste von P wie die von R angeordnet werden kann. Die Angabe eines solchen Schemas geschieht am besten, indem in der früher erklärten Bestandslistenschreibung anstelle der Glieder Variable gesetzt werden; denn hierdurch wird festgelegt, an welchen Stellen desselben oder verschiedener n-tupel dasselbe Glied vorkommen soll; und gerade das ist für die Bestimmung der Struktur notwendig und auch hinreichend.

Beispiel 1.7.1 Die Relationen P und Q seien durch ihre Bestandslisten gegeben: $P = [1'2, 1'3, 3'4, 4'3]; Q = [6'7, 7'6, 8'6, 8'9]$. Die Bestandlisten haben nicht analoge Anordnung. P und Q sind aber isomorph auf Grund des Korrelators $S = [1'8, 2'9, 3'6, 4'7]$. Transformieren wir die Bestandsliste von P gemäß S, so erhalten wir für Q die Bestandsliste $[8'9, 8'6, 6'7, 7'6]$, die zu der von P analoge Anordnung besitzt. Diese übereinstimmende Anordnung, die sowohl der Bestandsliste von P wie der letztgenannten von Q zukommt, kann nun angegeben werden in der Form: $[x'y, x'z, z'u, u'z]$; hierdurch ist die Struktur von P, die zugleich die von Q ist, angegeben.

Eine besonders anschauliche Darstellung einer endlichen zweistelligen Struktur geschieht durch die „*Pfeilfigur*": jedes Glied wird durch einen Punkt dargestellt, ein Gliederpaar der Relation durch einen Pfeil vom Punkt des Vordergliedes zum Punkt des Hintergliedes. Sind die Punkte mit den Namen der Glieder bezeichnet, so stellt die Pfeilfigur eine bestimmte Relation dar. Da isomorphe Relationen übereinstimmende Pfeilfiguren haben (wobei es offenbar nur auf die topologische, nicht auf die metrische Übereinstimmung ankommt), die sich nur durch die Gliedernamen unterscheiden, so stellt die unbenannte Pfeilfigur die gemeinsame Struktur dar.[14]

---

[14]Beispiele für Pfeilfiguren in: Behmann, Mathematik und Logik, 1927; und Carnap LOGISTIK.

Ist eine Relation P etwa dreistellig, so auch jede Relation, die mit P isomorph ist, also dieselbe Struktur besitzt. Daher sagen wir auch von der Struktur von P, sie sei dreistellig; die Dreistelligkeit bezeichnen wir als eine „*strukturelle Eigenschaft*".

Definition 1.7.1 *Die Eigenschaft fP von Relationen heißt eine „strukturelle Eigenschaft", wenn sie, falls sie einer Relation P zukommt, auch jeder mit P isomorphen Relation zukommt.*

Daß fP eine strukturelle Eigenschaft ist, wird demnach in Formel so geschrieben: $(P,Q)[(fP \& Ism(Q,P)) \to fQ]$. Die strukturellen Eigenschaften sind gewissermaßen die Invarianten gegenüber isomorpher Transformation. Sie sind für die Axiomatik von besonderer Wichtigkeit (vgl. § 2.8, „formale" Axiome).

Beispiele struktureller Eigenschaften sind beinahe alle bisher genannten Eigenschaften von Relationen: einstellig, zweistellig, usw.; einwertig, zweiwertig, usw.; eingliedrig, zweigliedrig, usw.; gespalten, ungespalten; mit 1 Anfangsglied usw.; mit 1 Mittelglied usw.; mit 1 Erstglied usw.; mit 1 Zweitglied usw.; leer, erfüllt; symmetrisch, nichtsymmetrisch, asymmetrisch; reflexiv, ... ; transitiv, ... ; zusammenhängend, Reihe. Beispiele *nichtstruktureller* Eigenschaften: von erster Stufe, von zweiter Stufe, usw.; gemein; das Glied a besitzend; Teilrelation von A.

Später (§ 2.12) werden wir den Begriff der Relationsstruktur als Sonderfall des allgemeineren Begriffs der mehrstufigen Struktur erkennen, nämlich als gleichbedeutend mit dem Begriff der einstufigen Struktur.

1.8 Einige Lehrsätze der Logik

Es sollen hier einige Lehrsätze der Logik, und zwar aus der Theorie der Aussagen, der Aussagefunktionen und der Relationen, zusammengestellt werden. Der Leser braucht die Sätze nicht durchzustudieren; denn es ist nicht eine Auswahl der an sich wichtigsten Sätze, sondern es sind diejenigen Sätze, auf die später bei Ableitungen gelegentlich verwiesen werden soll. Bei jedem Satz ist die Nummer des Satzes in PRINC.MATH. vermerkt (z. B. PM 4'62), dem er entspricht oder aus dem er hergeleitet werden kann; dort sind auch Beweise oder nähere Erläuterungen zu finden.

1. Lehrsätze der Aussagentheorie.
(p, q, r bezeichnen Aussagen.)

L 1 *Schlußregel: aus $p \to q$ und p folgt q.* (PM 1'1)

L 2 *$p \sim q$ ist äquivalent $(p \to q)\&(q \to p)$.* (PM 4'01)

L 3 *„Wendung" einer Implikation (Vertauschung der Glieder mit gleichzeitiger Negierung): $p \to q$ ist äquivalent zu $\bar{q} \to \bar{p}$.*
(PM 4'1)

L 4 *Aus $\bar{p}$ folgt für beliebiges $q : p \to q$.* (PM 2'21)

L 5 *$\overline{p \to q}$ ist äquivalent $p\&\bar{q}$.* (PM 4'61)

L 6 *$p \lor q$ ist äquivalent $\bar{p} \to q$.* (PM 4'64)

L 7 *$p \lor q$ ist äquivalent $\bar{q} \to p$.* Aus L6, L3.

L 8 *$\overline{(p\&q)}$ ist äquivalent $\bar{p} \lor \bar{q}$.* (PM 3'13, 3'14)

L 9 *$\overline{(p\&q)}$ ist äquivalent $p \to \bar{q}$.* Aus L8, PM 4'62.

L 10 *$\overline{(p\&q)}$ ist äquivalent $q \to \bar{p}$.* Aus L3, L9.

L 11 $\overline{(\bar{p}\&\bar{q})}$ *ist äquivalent* $\bar{p} \to q$. Aus L9.

L 12 $\overline{(\bar{p}\&\bar{q})}$ *ist äquivalent* $\bar{q} \to p$. Aus L10.

L 13 *Aus* $p \to (q\&r)$ *folgt* $(p \to q)\&(p \to r)$. (PM 3'26, 3'27, 3'33)

L 14 $(p \lor q)\&(r \lor s)$ *ist äquivalent* $(p\&r) \lor (p\&s) \lor (q\&r) \lor (q\&s)$.
Aus PM 4'4.

2. Lehrsätze über Aussagefunktionen.
(Geschrieben mit den in § 1.3 angegebenen Abkürzungen.)

L 15 *Satz vom ausgeschlossenen Dritten: für beliebiges* f *gilt* $f \lor \bar{f}$.
Aus PM 2'11.

L 16 *Wendung:* $f \to g$ *ist äquivalent* $\bar{f} \to \bar{g}$. Aus L3.

L 17 $(f\&h) \to g$ *ist äquivalent* $(f\&\bar{g}) \to \bar{h}$.
Aus PM 4'14.

L 18 *Transitivität der Implikation: Aus* $(f \to g)\&(g \to h)$ *folgt* $f \to h$. (PM 10'3)

L 19 *Reflexivität der Implikation: Für beliebiges* f *gilt* $f \to f$.
Aus PM 2'08.

L 20 *Aus* $(x)(p\&fx)$ *folgt* p. Aus PM 10'33.

L 21 $(f \to g)\&(f \to h)$ *ist äquivalent* $f \to (g\&h)$.
Aus PM 3'43; 3'26; 3'27; 3'33.

L 22 *Negation einer Allaussage:* $\overline{(x)}fx$ *ist äquivalent* $(\exists x)\bar{f}x$ *oder kurz:* $(\exists)\bar{f}$.

(PM 10'253)

1.8 Einige Lehrsätze der Logik

L 23 $\overline{(x)}(fx \to gx)$ *oder kurz:* $\overline{f \to g}$ *ist äquivalent* $(\exists)(f\&\bar{g})$.

Aus L22, L5.

L 24 *Negation einer Existenzaussage:*
$\overline{(\exists)}f$ *ist äquivalent* $(x)\overline{fx}$ *(oder kurz:* $\bar{f}$*).* (PM 10'252)

L 25 *Aus* $\overline{(\exists)}f$ *folgt für beliebiges* g: $f \to g$. (PM 10'53)

L 26 *Aus* $\overline{(\exists)}f$ *folgt* $f \to \bar{f}$. Aus L25.

L 27 *Aus* $(x)hx$ *folgt für beliebiges* fx: $f \to h$. Aus PM 9'34; 9'36.

L 28 $f \to \bar{f}$ *ist äquivalent* $(x)\overline{fx}$. Aus PM 2'01; 2'21.

L 29 *Aus* $(\exists)(f\&g)$ *folgt* $(\exists)f$. (PM 10'5)

L 30 *Aus* $(\exists x)(hx\&r)$ *folgt* r. (PM 10'35)

L 31 *Aus* $(x)(fx \to gx)\&(y)(hy \to ky)$ *folgt* $(x,y)[(fx\&hy) \to (gx\&ky)]$.

Aus PM 11'56; 3'47.

L 32 *Aus* $fa\&(x)(fx \to gx)$ *folgt* ga. (PM 10'26)

L 33 *Aus* $(\exists)f\&(f \to g)$ *folgt* $(\exists)g$. (PM 10'28)

L 34 *Aus* $(\exists)f$ *folgt* $(f \to g) \to (\exists)g$. Aus L33.

L 35 *Aus* $(\exists)f\&(f \to g)$ *folgt* $(\exists)(f\&g)$. (PM 10'55)

L 36 *Aus* $(\exists)(f\&g)\&(g \to h)$ *folgt* $(\exists)(f\&h)$. (PM 10'56)

L 37 $(f \to h)\&(g \to h)$ *ist äquivalent* $(f \vee g) \to h$.

Aus PM 3'44; 2'2; 3'33.

L 38 *Aus* $(\exists x)[(y)(gx,y \to fy)]$ *folgt* $(y)[(x)gx,y \to fy]$.

Aus PM 11'26; 10'34.

L 39 *Aus $f \to h$ folgt für beliebiges r:* $r \to (x)[fx \to (hx\&r)]$.

Aus PM 2'02; 3'43.

L 40 *Aus $f \to g$ folgt für beliebiges r:* $(x)[(fx\&r) \to (gx\&r)]$.

Aus PM 3'45.

3. Lehrsätze über Relationen.

L 41 *Die Isomorphie ist (total-)reflexiv:* $(P)Ism(P,P)$. (PM 151'13)

L 42 *Die Isomorphie ist symmetrisch:*

$$(P,Q)[Ism(P,Q) \to Ism(Q,P)].$$

(PM 151'14)

L 43 *Die Isomorphie ist transitiv:*

$$(P,Q,R)[(Ism(P,Q)\&Ism(Q,R)) \to Ism(P,R)].$$

(PM 151'15)

1.9 Absolute und konstruktive Eigenschaften

Der Hauptzweck des einleitenden Abschnitts, nämlich der Hinweis auf die Notwendigkeit einer Grunddisziplin und die Erläuterung einiger Begriffe der Grunddisziplin, die in den folgenden Untersuchungen verwendet werden sollen, ist jetzt erfüllt. Nun sollen zum Schluß noch zwei verschiedene Auffassungen über die Bedeutung von Eigenschaftsbegriffen einander gegenüber gestellt werden.[15]

---

[15] [Gestrichen:] Wir werden uns die eine dieser Auffassungen, nämlich die „konstruktivistische" zu eigen machen. Diese Auffassung ist für die weiteren Untersuchungen von Bedeutung, da sie gewisse Forderungen an Definitionen, Kriterien und Beweise stellt, deren Erfüllung bei den Begriffsbildungen und Ableitungen unserer axiomatischen Theorie an verschiedenen Stellen nachgeprüft werden muß.

1.9 Absolute und konstruktive Eigenschaften

Bei manchen Eigenschaften, sowohl formaler als auch empirischer Gegenstände, müssen wir in bestimmter Weise zwei verschiedene Umgrenzungen unterscheiden, genauer: zwei verschiedene Eigenschaften, die aber meist mit demselben Wort bezeichnet werden. Z.B. kann man für den Begriff der algebraischen Zahl zwei verschiedene Definitionen aufstellen: 1) x ist eine algebraische Zahl, wenn es eine Gleichung mit endlich vielen, rationalen Koeffizienten *gibt*, von der x eine Wurzel ist; 2) x ist eine algebraische Zahl, wenn eine solche Gleichung *angegeben werden kann*. Den durch die erste Definition bestimmten Begriff nennen wir den „*absoluten*" Begriff (abgekürzt: a-Begriff) der algebraischen Zahl; den der zweiten Definition bezeichnen wir als den entsprechenden „*konstruktiven*" Begriff (k-Begriff). Solche Paare aus einem a-Begriff und einem k-Begriff, die zueinander gehören, kommen sehr häufig vor. Ein a-Begriff nimmt keine Rücksicht auf Erkennbarkeit, Darstellbarkeit, er setzt gewissermaßen einen alles überschauenden Verstand voraus; der entsprechende k-Begriff dagegen bezieht sich auf eine Konstruktion, die entweder schon vollzogen sein soll, oder von der wenigstens bekannt sein muß, daß sie nach einem angegebenen Verfahren in endlich vielen Schritten vollziehbar ist. Die Unterscheidung zwischen a-Begriff und k-Begriff wollen wir auch im einzelnen Falle mit Hilfe eines vorgesetzten „a" bzw. „k" vornehmen; wir unterscheiden also im obigen Beispiel zwischen den beiden Begriffen „a-algebraisch" und „k-algebraisch".

Es seien noch einige Fälle genannt, in denen die Unterscheidung wichtig ist. „a-wahr" und „k-wahr"; letzteres bedeutet: (in endlich vielen Schritten) beweisbar. „a-falsch" und „k-falsch"; letzteres bedeutet: (in endlich vielen Schritten) widerlegbar. Charakteristisch für die a-Eigenschaften ist, daß in ihren Definitionen uneingeschränkter Gebrauch vom Existenzbegriff („es gibt...") gemacht wird. Die zugehörige k-Definition nimmt demgegenüber eine Beschränkung vor, indem sie bestimmte Hilfsmittel als anwendbar voraussetzt und den Begriff einschränkt auf diejenigen Gegenstände, die durch (endlich viele) Operationen mit diesen Hilfsmitteln erreichbar sind. Die Hilfsmittel werden meist stillschweigend vorausgesetzt; in der Logik sind es die Arten des Deduzierens (einschließlich des Substituierens), in der Arithmetik und

Analysis kommen die spezifisch mathematischen Operationen hinzu.[16]

Die Bedeutung der Negate der a- und k-Begriffe wollen wir uns durch eine graphische Darstellung deutlich machen. f sei eine bestimmte Eigenschaft (als Aussagefunktion geschrieben: fx). Ihr absolutes Negat „a-non-f" ist dahin zu definieren, daß es denjenigen Gegenständen zukommt, denen (a-)f nicht zukommt. a-non-f ist also identisch mit non-a-f; denn der Umfang dieser Eigenschaft ist die komplementäre Klasse der Klasse von f. Die beiden Klassen ergänzen sich zur Allklasse des betreffenden Typus; d.h. zur Klasse aller der Gegenstände, für die die Unterscheidung f – non-f einen Sinn hat. Diese Klasse werde symbolisch dargestellt durch die (Klasse der Punkte der) Strecke AE (siehe Figur). Es entspreche der Eigenschaft a-f die Klasse AC; der Eigenschaft non-a-f oder a-non-f die Klasse CE; den Eigenschaften k-f und k-non-f die Klasse AB bzw. DE. Die Figur[17]

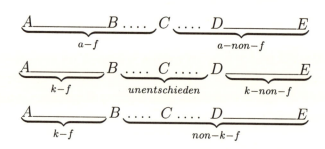

zeigt deutlich den Unterschied zwischen non-k-f (BE) und k-non-f (DE). Dieser Unterschied verschwindet in den Fällen, in denen a-Begriff und k-Begriff zusammenfallen (Beispiel: Begriff der geraden Zahl).

---

[16][Gestrichen:] in der zeichnenden Geometrie handelt es sich nicht um begriffliche, sondern um praktisch-technische Hilfsmittel, und zwar sind als solche gewöhnlich Zirkel und Lineal vorausgesetzt.

[17][Am Rand des Manuskripts, in Höhe der ersten Reihe: „Zweiteilung in bezug auf a:"; in Höhe der zweiten Reihe: „Dreiteilung in bezug auf k:"; in Höhe der dritten Reihe: „Zweiteilung in bezug auf k: (zu § 2.2 c)". Der Bezug ist falsch. Der Hinweis bezieht sich wohl auf den folgenden Paragraphen § 1.10.]

Wir sagen, die logische Eigenschaft g „*folgt aus*" der Eigenschaft f, wenn in jedem Falle, in dem f zutrifft[18], auch g zutrifft; in Formel: $(x)(fx \to gx)$ (als rein logischer Satz); oder kurz (vgl. § 1.3): $f \to g$. Wir sagen f und g sind „*äquivalent*" oder „umfangsgleich" oder „sie *fallen zusammen*", wenn f aus g und g aus f folgt; in Formel: $f \sim g$. Wir sagen, f und g „schließen sich aus" oder „bilden eine (ausschließende) Disjunktion", wenn aus f $\bar{g}$ folgt; in Formel: $f \to \bar{g}$. Wir sagen, f und g bilden eine „*vollständige Disjunktion*", wenn sie sich ausschließen und ein dritter Fall ausgeschlossen ist, d.h. wenn aus $\bar{f}$ g folgt; in Formel: $\bar{f} \to g$. In diesem Falle folgt aus $\bar{g}$ f; f und $\bar{g}$ fallen zusammen, und ebenso $\bar{f}$ und g. Eine Disjunktion f, g heiße „*entscheidbar*", wenn für jeden vorgelegten Gegenstand (in endlich vielen Schritten) entschieden werden kann, ob er die eine oder die andere oder keine von beiden Eigenschaften hat. Dies ist dann der Fall, wenn k-f mit a-f und k-g mit a-g zusammenfällt. Die Begriffe „vollständige" und „entscheidbare" Disjunktion müssen deutlich unterschieden werden; es gibt vollständige, nicht entscheidbare und auch nicht-vollständige, entscheidbare Disjunktionen.

Beispiel 1.9.1 Die Disjunktion „Primzahl" - „durch 6 teilbar" ist nicht vollständig, aber entscheidbar. Die Disjunktion „algebraisch" - „transzendent" ist vollständig, aber gegenwärtig nicht entscheidbar. Die Disjunktion „Primzahl" - „teilbar" ist vollständig und entscheidbar.[19]

1.10 Absolutismus und Konstruktivismus

Mit Hilfe der a-k-Terminologie seien jetzt zwei einander entgegengesetzte Standpunkte charakterisiert, die wir als „Absolutismus" und „Konstruktivismus" bezeichnen wollen. Der Konstruktivismus lehnt sich an den (von Brouwer und Weyl vertretenen) Intuitionismus an. Er unterscheidet sich von diesem dadurch, daß er den logischen Satz

---

[18][Gestrichen:] ... (nicht nur empirisch, sondern notwendig).
[19][Gestrichen:] Von der vorhin definierten „absoluten Geltung" der Folgebeziehung zwischen f und g wollen wir die „*praktische Geltung*" unterscheiden: [Rest fehlt]

vom ausgeschlossenen Dritten nicht ablehnt. Der absolutistische Standpunkt dürfte wohl gegenwärtig von den meisten Mathematikern eingenommen werden; der konstruktivistische scheint uns jedoch (aus hier nicht zu erörternden logisch-erkenntnistheoretischen Gründen) der richtige zu sein. Die folgenden *Untersuchungen* werden sich den beiden Richtungen gegenüber *neutral* einstellen; ihre Ergebnisse sind im Wesentlichen unabhängig von der Wahl des einen oder des anderen Standpunktes. In besonderen Fällen werden verschiedene Formulierungen der Ergebnisse für die beiden Standpunkte angegeben werden.

1. Der *Absolutismus* besagt folgendes. Der Begriff „es gibt" darf in der Definition einer Eigenschaft schrankenlos verwendet werden. Ob eine Eigenschaft für den diskursiv denkenden, daher in endlicher Zeit immer nur endlich viele Schritte machenden menschlichen Verstand *feststellbar* ist oder nicht, ist keine logisch, sondern eine praktische Angelegenheit. Es ist zwar zuweilen interessant, auch zu untersuchen, ob eine bestimmte Eigenschaft auch stets in endlich vielen Schritten feststellbar ist; aber der *Sinn* der Eigenschaft hängt nicht etwa von dieser Feststellbarkeit ab. *Die a-Begriffe sind daher sinnvoll.* Und da a-f und a-non-f stets eine vollständige Disjunktion bilden (siehe Figur), so gilt für jede Eigenschaft der *Satz vom ausgeschlossenen Dritten*.

2. Der *Konstruktivismus* besagt folgendes. a) (In Übereinstimmung mit dem Intuitionismus). Ein „es gibt"-Satz ist kein eigentlicher Satz, sondern ein Satz-Abstrakt. Ein Satz dieser Art, etwa „es gibt ein x mit der Eigenschaft f" hat nur dann einen Sinn, wenn er hergeleitet (abstrahiert) ist aus einem Satz „b hat die Eigenschaft f" (wobei b einen bestimmten Gegenstand bezeichnet) oder wenn eine Methode angegeben wird, nach der ein solches b mit Sicherheit in endlich vielen Schritten gefunden werden kann. Wird in der Definition einer Eigenschaft der Begriff „es gibt" angewendet, ohne daß die genannte Forderung erfüllt ist, so hat die Eigenschaft überhaupt keinen Sinn; denn eine Frage, zu deren Entscheidung kein Weg angegeben wird, ist sinnlos. Daher sind die a-Begriffe sinnlos (mit Ausnahme der Fälle, wo a- und k-Begriff zusammenfallen); *nur die k-Begriffe haben Sinn.*[20] b)

---

[20][Gestrichen:] β) Da k-f und k-non-f in vielen Fällen keine vollständige Disjunktion bilden (siehe Figur), so *gilt im Allgemeinen nicht der Satz vom ausge-*

1.10 Absolutismus und Konstruktivismus

(Im Unterschied zum Intuitionismus.) Da k-f und k-non-f in vielen Fällen keine vollständige Disjunktion bilden, so muß man in diesen Fällen anstelle einer Zweiteilung eine Dreiteilung vornehmen: k-f, k-non-f, unentschieden. D.h.: in Bezug auf eine Eigenschaft f zerfallen die Gegenstände, für die die Frage nach dieser Eigenschaft sinnvoll ist, in einem bestimmten Zeitpunkt in drei Klassen: für einen Gegenstand der ersten Klasse kann bewiesen werden, daß er die Eigenschaft f hat; für einen Gegenstand der zweiten Klasse kann bewiesen werden, daß er die Eigenschaft f nicht hat, daß er also die Eigenschaft non-f hat; für einen Gegenstand der dritten Klasse kann gegenwärtig weder das eine noch das andere bewiesen werden.[21] *Trotz der Notwendigkeit der Dreiteilung bleibt aber der Satz vom ausgeschlossenen Dritten gültig.* Denn jeder Begriff bildet mit seinem Negat eine vollständige Disjunktion: k-f (AB) und non-k-f (BE), und andererseits auch k-non-f (DE) und non-k-non-f (AD); der Unterschied zwischen diesen beiden Begriffspaaren muß aber beachtet werden.[22]

Beispiel 1.10.1 Für f nehmen wir die Eigenschaft „*algebraisch*". Wir haben zunächst die Dreiteilung der Zahlen: 1) k-algebraisch, 2) unentschieden, 3) k-non-algebraisch (d.h. k-transzendent, nachgewiesen als transzendent).[23] Trotzdem gilt hier der Satz vom ausgeschlossenen Dritten: sind eine bestimmte Zahl und eine bestimmte Eigenschaft gegeben, so kommt der Zahl entweder diese Eigenschaft zu oder ihr Negat.

---

schlossenen Dritten.

[21] [Gestrichen:] Bei den mathematischen Eigenschaften, um die es sich in der Arithmetik und in der Analysis vorwiegend handelt liegt es meist so, daß nicht bekannt ist, ob es einen Gegenstand dieser dritten Klasse überhaupt gibt. Da aber andererseits auch (noch) nicht bewiesen werden kann, daß diese Klasse leer ist, so müssen wir immerhin noch mit der Möglichkeit von Gegenständen dieser dritten Klasse rechnen. Bei den mathematischen Eigenschaften ist also möglicherweise (und bei gewissen anderen Eigenschaften mit Sicherheit) eine *Dreiteilung* vorzunehmen, anstelle der Zweiteilung der a-Begriffe, die hier ja abgelehnt werden.

[22] [Gestrichen:] Der *Anschein der Ungültigkeit* des Satzes vom ausgeschlossenen Dritten kann dadurch entstehen, daß als Negat von k-f irrtümlich k-non-f angesehen wird, anstatt non-k-f, und als Negat von k-non-f irrtümlich k-f, anstatt non-k-non-f.

[23] [Gestrichen:] (Dabei ist, wie früher erwähnt, gegenwärtig nicht bekannt, ob die zweite Klasse nicht vielleicht leer ist.)

So ist jede Zahl entweder k-algebraisch oder non-k-algebraisch, denn die Zahlen der zweiten und der dritten Klasse sind non-k-algebraisch, sodaß die Begriffe k-algebraisch und non-k-algebraisch eine vollständige Disjunktion bilden. Ferner gilt auch: jede Zahl ist entweder k-transzendent (k-non-algebraisch) oder non-k-transzendent (non-k-non-algebraisch); denn alle Zahlen der ersten und der zweiten Klasse sind non-k-transzendent. Der Anschein der Ungültigkeit des Satzes vom ausgeschlossenen Dritten entsteht dadurch, daß als Negat von Klasse (1) Klasse (3) angesehen wird, anstatt (2)+(3).[24]

Die folgenden Untersuchungen sind nicht auf einen der beiden Standpunkte festgelegt. Die *Definitionen* der neuen Begriffe werden zunächst für den a-Begriff formuliert. Dann aber wird in allen wichtigen Fällen auch ein *positives Kriterium* angegeben („die Eigenschaft liegt vor, wenn die und die Operation ausgeführt werden kann"); dadurch wird ein k-Begriff definiert, also ein solcher, der für beide Standpunkte sinnvoll ist. Wenn eine Definition den Existenzbegriff („es gibt") ohne positives Kriterium oder sogar ein *negatives Kriterium* verwendet („die Eigenschaft liegt vor, wenn die und die Operation *nicht* ausgeführt werden kann"), so definiert sie einen a-Begriff. Die Gültigkeit der Ergebnisse der folgenden Untersuchungen ist also im allgemeinen unabhängig von der Wahl des Standpunktes; in einzelnen Fällen wird das Ergebnis für jeden der beiden Standpunkte gesondert formuliert.

Es sei noch einmal daran erinnert, daß wir bei der Festlegung

---

[24][Gestrichen:] ... und als Negat von Klasse (3) Klasse (1), anstatt (1)+(2); m.a.W.: es liegt eine Verwechselung des Begriffes k-non-f (3) mit non-k-f ((3)+(2)) vor, und ebenso eine Verwechslung von k-f (1) mit non-k-non-f ((1)+(2)).

[An das Beispiel schloß sich der folgende Paragraph an. Gestrichen:] *Die folgenden Untersuchungen sind nicht auf einen bestimmten dieser drei Standpunkte festgelegt. Die Definitionen* werden den Begriff „es gibt" nicht in uneingeschränkter Weise verwenden, sondern die früher genannte *konstruktivistische Bedingung erfüllen*. Daher sind nicht nur für den absolutistischen, sondern auch für den strengeren konstruktivistischen Standpunkt die Definitionen sinnvoll und die bewiesenen Lehrsätze sinnvoll und gültig; (für den konstruktivistischen Standpunkt ist zuweilen eine Umformulierung erforderlich; da wird sich an einzelnen Stellen zeigen, z. B. § [Angabe des Paragraphen fehlt im Typoskript]. Für den intuitionistischen Standpunkt bleiben zwar manche der Definitionen und Lehrsätze bestehen, aber nicht alle, hätte [Rest fehlt].

der Grunddisziplin auch die Neutralität gegenüber den verschiedenen Standpunkten inbezug auf die Frage der Grundlegung der Mathematik und Logik gewahrt haben. *Die folgenden Darlegungen sind damit für alle üblichen Standpunkte gültig, mit Ausnahme desjenigen, der den Satz vom ausgeschlossenen Dritten ablehnt.*

2
Allgemeine Eigenschaften eines Axiomensystems

A Das Axiomensystem als Aussagefunktion

2.1 Die Grundbegriffe als Variable

Jedes Axiomensystem (Beispiel: das Hilbertsche Axiomensystem der euklidischen Geometrie) kann in zwei verschiedenen Weisen aufgefaßt werden. Entweder man faßt die undefinierten Grundbegriffe (im Beispiel: „Punkte", „Geraden", „liegt auf", usw.) als festliegende Begriffe eines bestimmten Gebietes auf (im Beispiel: als die Raumpunkte des Raums unserer physischen Welt, als die physischen Geraden, usw.); dann sind die Axiome Aussagen über Beziehungen, die zwischen diesen Begriffe bestehen; und die Folgerungen (die sogenannten „Lehrsätze") sind weitere Aussagen über dasselbe Wirklichkeitsgebiet.

Oder aber man faßt die Grundbegriffe auf als unbestimmte Gegenstände und Beziehungen eines unbestimmten Gebietes, von denen nur festgelegt wird, daß sie sich so zueinander verhalten, wie es in den

Axiomen bestimmt wird. Finden sich auf verschiednen Gebieten Gegenstände und Beziehungen, die diese formalen Bestimmungen erfüllen, so kann das Axiomensystem auf jedes dieser Gebiete bezogen werden; auf jedem dieser Gebiete gelten dann auch in entsprechender Deutung die Folgerungen des Axiomensystems.

Die beiden Auffassungen stehen nicht im Widerspruch zu einander, sondern sind beide berechtigt. Aber nur die zweite führt zu der vielseitigen Verwendung der axiomatischen Methode und des einzelnen Axiomensystems, der die Fruchtbarkeit dieser Methode zu verdanken ist. Diese zweite, dem Mathematiker geläufige Auffassung sei hier zugrunde gelegt.

Die in einem Axiomensystem auftretenden Zeichen (z. B. Wörter) für die Grundbegriffe des Axiomensystems nennen wir die „*Grundzeichen*". Sie haben nach der genannten Auffassung keine feste Bedeutung, sondern können je nach dem Anwendungsfall auf verschiedene Gegenstände bezogen werden. Die Grundzeichen sind demnach *Variable*, und die einzelnen Axiome, sowie auch das ganze Axiomensystem sind *Aussagefunktionen*, nicht Aussagen[1]. Für eine Aussage ist es ja wesentlich, daß sie entweder wahr oder falsch ist; während man von einer Aussagefunktion nicht sagen kann, sie sei wahr oder falsch, sondern nur sie treffe in dem einen Falle zu, in dem anderen nicht. Und so ist es ja auch mit einem Axiomensystem; es ist an sich weder wahr noch falsch, es kann aber in einem bestimmten Anwendungsfall zutreffen oder nicht zutreffen.

Tritt in einem Axiomensystem ein Grundbegriff wieder selbst als Funktion auf, so bezeichnen wir ihn als „*Grundrelation*", andernfalls als „Grundindividuum".[2] Als Grundbegriffe kommen in den meisten Axio-

---

[1] Diese Auffassung wird, wie es scheint, zum erstenmal von *E. V. Huntington* in aller Deutlichkeit ausgesprochen: A set of postulates for abstract geometry, Mathematische Annalen 73, S. 522 - 599; vgl. S. 526. (Vgl. *Russell*, Principles of Mathematics,1910, § 4 [unleserlich]).

[2] [Gestrichen:] Tritt in einem Axiomensystem ein Grundbegriff wieder selbst als Funktion auf, so bezeichnen wir ihn als „*Grundrelation*", und zwar ist er eine n-stellige Grundrelation, wenn die Funktion n Argumentstellen hat. Einstellige Grundrelationen bezeichnen wir zuweilen auch als „Grundklassen". Tritt ein bestimmter Grundbegriff in dem Axiomensystem nicht als Funktion auf, so bezeichnen wir ihn als „*Grundindividuum*".

mensystemen nur Grundrelationen vor. Ein Grundindividuum kann, wie an anderer Stelle gezeigt werden soll, stets eliminiert werden. Jedes Axiomensystem kann daher so umgeformt werden, daß als Grundbegriffe nur noch Grundrelationen auftreten. (Beispiel: Russells[3] Umformung des Peanoschen Axiomensystems, Eliminierung des Grundindividuums Null). Wir werden daher im Folgenden bei der Erörterung der Grundbegriffe eines Axiomensystems im Allgemeinen nur Grundrelationen betrachten.[4]

Außer den Variabeln kommen nun in einem Axiomensystem auch *Konstante* vor, also Zeichen mit bestimmter Bedeutung. Und zwar können sowohl logische, als auch nichtlogische Konstante vorkommen. Unter „logischen Konstanten" verstehen wir alle Zeichen der Grunddisziplin, also sowohl die Zeichen der Logik im engeren Sinne (z. B.: &, $\rightarrow$, $\exists$ usw.), als auch die arithmetischen Zeichen (z. B.: 1, 2, + usw.). Nichtlogische Konstanten sind Zeichen für Realbegriffe, Begriffe eines (außerlogischen) Sachgebietes (z. B.: Pferd, Raumpunkt, groß). Kommt

---

[3]Russell, Einführung in die mathem. Philosophie. 1923. S. 8. PRINC.MATH. II, § 122.

[4][Im Manuskript folgte an dieser Stelle ein enggeschriebener Einschub in den Text, der durchgestrichen wurde. Am Rand daneben eine geschweifte Klammer mit der Frage „streichen ?". Wir geben diese Passage hier wieder:]

Eine *andere Auffassung* über das Wesen der Axiomensysteme, die uns aber nicht zulässig erscheint, betrachtet nicht die Grundrelationen des Axiomensystems, sondern die Glieder dieser Grundrelationen als die Variabeln, die das Axiomensystem zu einer Aussagefunktion machen, die Grundrelationen selbst aber als Konstante. Die Glieder treten allerdings als Variable auf, aber als gebundene Variable (§ 1.4); solche aber können ja auch in einer Aussage vorkommen, sie machen also das Axiomensystem nicht zu einer Aussagefunktion.

Beispiel 2.1.1 Ein Axiom eines bestimmten Axiomensystems besage, daß die Grundrelation M transitiv sei. Drücken wir dies mit Hilfe der M-Glieder aus, so lautet das Axiom:

$$(x,y,z)([M(x,y)\&M(y,z)] \rightarrow M(x,z))$$

Hier sind x, y, z keine freien Variabeln, sondern durch den vorn stehenden Alloperator gebunden. Wäre nun M eine Konstante, so wäre der Ausdruck eine Aussage; er kann nur dann eine Aussagefunktion sein, wenn M eine Variable ist.

ein solches Zeichen in einem Axiomensystem vor, so nennen wir es ein „*Fremdzeichen*" des Axiomensystems und den durch das Zeichen bezeichneten Begriff einen „*Fremdbegriff*" des Axiomensystems. Durch das Vorkommen eines Fremdbegriffes in einem Axiomensystem ist im Allgemeinen das Axiomensystem auf ein bestimmtes Gebiet festgelegt; trotzdem kann das Axiomensystem in diesem Gebiet noch mehrere Anwendungsfälle haben. Axiomensysteme mit Fremdbegriffen werden selten aufgestellt und sind bisher noch nicht allgemein untersucht worden. *Die vorliegenden Untersuchungen* beziehen sich, wie in der Mathematik üblich, *nur auf Axiomensysteme ohne Fremdbegriffe*.

2.2 Die Folgerungen eines Axiomensystems

Jedes einzelne Axiom eines Axiomensystems ist eine Aussagefunktion, und das ganze Axiomensystem ist die Konjunktion dieser Aussagefunktionen. Zwischen einem Axiom und einem Axiomensystem besteht also kein Unterschied inbezug auf die logische Form. Daher sind alle in unseren Untersuchungen behandelten Eigenschaften und Beziehungen von Aussagefunktionen (z. B.: leer, erfüllt, widerspruchsvoll, widerspruchsfrei, gabelbar, monomorph, verträglich, abhängig, unabhängig, Folgerung usw.) ebensogut auf Axiomensysteme wie auf Axiome anwendbar. Die Grundrelationen bezeichen wir, als Variable, mit $P, Q, \ldots$ Als Funktionsbuchstaben verwenden wir $f, g, h, \ldots$; wir schreiben also ein Axiom oder Axiomensystem mit den Variabeln P, Q, R z. B. $f(P, Q, R)$. Dies ist eine abkürzende Bezeichnung für den ganzen Text des Axioms bezw. das Axiomensystem; diese Bezeichnungsweise ist dann zweckmäßig und zulässig, wenn nicht der Inhalt des Axiomensystems in seinen Einzelheiten untersucht werden soll, sondern nur Eigenschaften des betreffenden Axiomensystems als eines ganzen.

Da die Grundbegriffe eines Axiomensystems im allgemeinen nicht mit einander vertauschbar sind, so ist die Reihenfolge der Variabeln in $f(P, Q, R)$ von Bedeutung. Der Kürze halber (und vor allem, um bei den späteren Untersuchungen die Beweise allgemein führen zu können, unabhängig von der Art des Axiomensystems und von der Anzahl und

2.2 Die Folgerungen eines Axiomensystems

Art der Grundrelationen) verwenden wir die Buchstaben $\mathcal{P}, \mathcal{Q}, \mathcal{R} \ldots$ als Abkürzungen für ein geordnetes System von Relationsvariablen; d.h. wir schreiben kurz $f\mathcal{R}$ für $f(P,Q,R)$ oder für $f(S,T)$ oder für fU. Die konstanten Relationen bezeichnen wir mit $P_1, P_2, \ldots$ (wenn es Werte der Variabeln P sind), Q_1, Q_2, usw. oder mit $A, B, \ldots$; die konstanten Relationensysteme bezeichnen wir mit $\mathcal{P}_1, \mathcal{P}_2, \ldots$ (wenn es Werte der Variabeln $\mathcal{P}$ sind), $\mathcal{Q}_1$ usw. oder mit $\mathcal{A}, \mathcal{B}, \ldots$.

Man pflegt zu sagen, daß aus den Axiomen eines Axiomensystems „Lehrsätze" „deduziert" werden, in denen auch wieder die Grundrelationen des Axiomensystems auftreten. (Es brauchen dabei nicht die Grundzeichen explizit vorkommen. Häufig werden statt dessen neue Zeichen auftreten, die aber direkt oder indirekt aus den Grundzeichen definiert sind; jeder sogenannte Lehrsatz läßt sich mit Hilfe der Definitionen umschreiben in eine Form, in der keine neuen Zeichen, sondern nur noch Grundrelationen vorkommen. Wir denken uns im Folgenden der Einfachheit halber diese Umformung stets vollzogen; wir betrachten also die Lehrsätze als Aussagefunktionen derselben Variabeln wie das Axiomensystem. Diese Betrachtungsweise meint nicht, die Lehrsätze sollten auch in der angegebenen Weise umgeschrieben werden; sondern sie dient nur zur leichteren Untersuchung der logischen Zusammenhänge zwischen Lehrsätzen und Axiomen.) Da die sogenannten „Lehrsätze" keine Aussagen, sondern Aussagefunktionen sind, so wollen wir sie lieber nicht „Lehrsätze" sondern „*Folgerungen*" des Axiomensystems nennen. Auch wollen wir nicht sagen, eine Folgerung werde aus den Axiomen „deduziert" oder „bewiesen" um nicht zu dem Irrtum zu verleiten, als handele es sich um eine Aussage, die aus anderen Aussagen, den Prämissen, durch Schlußfolgerungen hergeleitet würde; wir sagen statt dessen „folgern" oder „*ableiten*".

Wie wird nun eine Folgerung aus Axiomen abgeleitet? Die Logik lehrt, wie eine Aussage aus anderen deduziert werden kann; aber hier handelt es sich ja nicht um Aussagen. Angenommen $f\mathcal{R}$ sei ein Axiomensystem mit dem Grundrelationensystem $\mathcal{R}$; wir schreiben auch kurz f anstatt $f\mathcal{R}$, wenn die Variable aus dem Zusammenhang zu erkennen ist. Was bedeutet es, wenn wir sagen, g sei eine Folgerung von f? Was bedeutet es, zu sagen, der Pythagoräische Lehrsatz sei eine Folgerung der euklidischen Axiome? Wir haben uns klar gemacht, daß er bei unserer Auffassung der Axiome nicht etwa aus diesen deduziert oder bewiesen werden kann (im eigentlichen Sinne dieser Worte). Wohl aber kann bewiesen werden, daß, wenn die euklidischen Axiome für irgendwelche Gegenstände zutreffen, notwendig auch der Pythagoräische Lehrsatz zutrifft; und deshalb heißt er eine Folgerung. Allgemein: $g\mathcal{R}$ heißt eine Folgerung von $f\mathcal{R}$, wenn $(\mathcal{R})(f\mathcal{R} \to g\mathcal{R})$ gilt. $(\mathcal{R})(f\mathcal{R} \to g\mathcal{R})$ oder abgekürzt „$f \to g$" nennen wir die „*Implikationsaussage*" von g inbezug auf f. Dies ist eine wirkliche Aussage; sie wird bewiesen, während man (nicht ganz korrekt) zu sagen pflegt, man beweise g.

Zuweilen, z. B. bei Hilbert LOGIK, werden die Deduktionsregeln der Logik nicht nur auf Aussagen, sondern gleichermaßen auch auf Aussagefunktionen bezogen. Bei solchem Vorgehen wird, um g als Folgerung von f zu erweisen, $g\mathcal{R}$ aus $f\mathcal{R}$ gemäß den Deduktionsregeln abgeleitet. Der hierdurch bestimmte Begriff „Folgerung" hat jedoch denselben Umfang wie der von uns durch die Implikationsaussage definierte Begriff „Folgerung". Denn $g\mathcal{R}$ kann dann und nur dann aus $f\mathcal{R}$ nach den (Hilbertschen) Deduktionsregeln abgeleitet werden, wenn $(\mathcal{R})(f\mathcal{R} \to g\mathcal{R})$ aus den (Hilbertschen) logischen Axiomen bewiesen werden kann.

Beweis 2.2.1

1) Angenommen, gx könne aus fx nach den Hilbertschen Deduktionsregeln abgeleitet werden.
Satz vom ausgeschlossenen Dritten (Hilbert S.24m Formel 2):
$$\bar{f}x \lor fx \tag{1}$$
Hieraus gemäß unserer Annahme: $\bar{f}x \lor gx$ \hfill (2)
Hieraus nach der Definition von $\to$: $fx \to gx$ \hfill (3)
Hieraus nach Hilbert S. 55, Regel γ': $(x)(fx \to gx)$. \hfill (4)

2) Angenommen, $(x)(fx \to gx)$ sei beweisbar. Dann ist nach Hilbert S. 53, Axiom (e), $fx \to gx$ beweisbar. Aus fx ist daher nach dem Schlußschema (Hilbert S. 54, Regel β) gx ableitbar.

Die dargelegte Auffassung, daß das Ableiten einer Folgerung g aus einem Axiomensystem f durch den Beweis der Implikationsaussage von g geschieht, ist, wie sich im Verlaufe unserer Untersuchungen zeigen wird, von großer Wichtigkeit für unsere Theorie der Axiomensysteme. Die genannte Auffassung ergibt sich ohne Weiteres, sobald man die Axiomensysteme als Aussagefunktionen ansieht. Nach der früheren Auffassung hatte man es in den verschiedenen Axiomensystemen mit ganz getrennten Gebieten zu tun, deren Lehrsätze nicht vereinigt, ja überhaupt in keine Beziehung gebracht werden durften. Hatte man etwa zwei verschiedene Axiomensysteme der Mengenlehre vor sich, so führte es zu seltsamen Schwierigkeiten und nie restlos geklärten Problemen, wenn man zwei einander entsprechende Begriffe der beiden Axiomensysteme inbezug auf ihre Eigenschaften miteinander vergleichen wollte. Bei unserer Auffassung und Behandlungsweise der Axiomensysteme liegt die Sache ganz anders. Hier hat jede Aussage, die bewiesen wird, die Form $f \to g$, d.h. $(\mathcal{R})(f\mathcal{R} \to g\mathcal{R})$; dies aber ist nicht ein Lehrsatz irgendeines bestimmten Gebietes, sondern ein *Lehrsatz der Logik*, denn es kommen ja nur logische Konstante und gebundene Variable vor. Ein solcher Satz (z. B. die Implikationsaussage des Pythagoräischen Lehrsatzes) ist in seiner Geltung nicht beschränkt auf irgendwelche Voraussetzungen, sondern gilt absolut, als Tautologie; er kann bewiesen werden durch einfache Deduktion aus den Grundsätzen der Logik. Daher kann er mit jeder anderen Implikationsaussage (gleichgültig, ob inbezug auf dasselbe Axiomensystem oder inbezug auf ein anderes) wie überhaupt mit jedem anderen Lehrsatz der Logik in Verbindung gebracht werden.

2.3 Die Modelle eines Axiomensystems

Als Werte einer Grundrelation eines Axiomensystems können sowohl logische als auch nicht-logische Konstanten auftreten; das Axiomensystem kann angewendet werden auf Begriffe der Grunddisziplin und auch auf Realbegriffe (Begriffe eines nichtlogischen, empirischen Sachgebietes). Die Anwendungsfälle ersterer Art bezeichnen wir als „formale Modelle" oder kurz *„Modelle"* die zweiter Art als *„Realisationen"*. Als Modell eines Axiomensystems der euklidischen Geometrie können

z. B. die Tripel reeller Zahlen und gewisse Beziehungen zwischen ihnen genommen werden; als Realisation die Punkte des physischen Raumes und gewisse Beziehungen zwischen ihnen. Für die folgenden Untersuchungen *wollen wir die Realisationen außer Betracht lassen*; wir sprechen kurz von „*Modellen*" eines Axiomensystems und meinen damit logische Konstanten, also „*Systeme von Begriffen der Grunddisziplin*" (und zwar sind es meist Systeme von Zahlen). Durch diese Beschränkung auf die Modelle tritt keine Einschränkung in der Gültigkeit der Ergebnisse unserer Untersuchungen ein. Denn die Untersuchungen haben es nirgends mit der Beschaffenheit der Anwendungsfälle im einzelnen zu tun, sondern nur mit dem Vorhandensein oder Nichtvorhandensein eines Anwendungsfalles und mit dessen Struktur. Besitzt nun ein Axiomensystem eine Realisation, so stets auch ein Modell von gleicher Struktur; besitzt es kein formales Modell, so überhaupt keinen Anwendungsfall.[5] *Begründung*. 1) *Absolutistisch*. Die Anzahl der Einzelheiten der Welt hat höchstens die Mächtigkeit des Kontinuums. Daher gibt es eine eineindeutige Zuordnung Z zwischen den Einzelheiten der Welt und den reellen Zahlen (oder geordneten Mengen von solchen, z. B. den Koordinaten-Quadrupeln). Zu jedem System S, das aus solchen Einzelheiten besteht (einschließlich der Klassen oder Relationen solcher Einzelheiten, oder der Klassen oder Relationen von Klassen oder Relationen solcher Einzelheiten usf.), gibt es daher ein strukturgleiches System S', dessen Individuen reelle Zahlen (oder geordnete Mengen von solchen) sind, nämlich dasjenige System S', das aus S durch die Z-Transformation hervorgeht. 2) *Konstruktivistisch*. Ist ein System S von Realgegenständen explizit angegeben, so bestimmen wir ein strukturgleiches System S' von Zahlen dadurch, daß wir den Individuen von S eineindeutig Zahlen zuordnen. Ist die Anzahl der Individuen von S endlich, so kann die Zuordnung durch Aufzählung geschehen; ist sie unendlich, so kann S nicht durch Aufzählung, sondern nur durch allgemeine Bestimmungen gegeben sein; in diesem Falle können wir die Zuordnung durch Bezugnahme auf diese Bestimmun-

---

[5][Gestrichen:] Kurz: das Vorhandensein von Anwendungsfällen eines Axiomensystems ist gleichbedeutend mit dem Vorhandensein von formalen Modellen; die Strukturen der formalen Modelle eines Axiomensystems sind dieselben wie die Strukturen seiner Anwendungsfälle überhaupt [.]

2.3 Die Modelle eines Axiomensystems

gen festlegen. Damit ist dann jedenfalls ein Zahlensystem, wenn auch bestimmt durch Realbegriffe, festgelegt.

Schreiben wir für $f(R, S, T)$ kurz $f\mathcal{R}$, und sind R_1, S_1, T_1 bestimmte, etwa arithmetische Relationen, die zulässige Werte der Variabeln R, S, T sind, so können wir auch für das geordnete Relationensystem R_1, S_1, T_1 eine abkürzende Bezeichnung einführen, etwa $\mathcal{R}_1$. Das *Modell $\mathcal{R}_1$ ist* dann *ein Wert der Modellvariablen $\mathcal{R}$*. Jede der Relationsvariablen R, S, T des Axiomensystems hat einen bestimmten Typus (§ 1.5); nur dann, wenn Werte dieser Typen eingesetzt werden, ergibt die Aussagefunktion $f(R, S, T)$ eine wahre oder falsche Aussage. Wenn die drei Relationen R_1, S_1, T_1 zulässige Werte der Variabeln R, S, T sind, d.h.: wenn sie (dadurch, daß ein bestimmter Gegenstandsbereich in ihnen zum Individuenbereich erklärt wird) den Typus der drei Variabeln R, S, T annehmen können, so nennen wir das Relationensystem (R_1, S_1, T_1), oder abgekürzt $\mathcal{R}_1$, ein „*zulässiges Modell*" von $f\mathcal{R}$, gleichgültig, ob $\mathcal{R}_1$ $f\mathcal{R}$ befriedigt oder nicht; $f\mathcal{R}_1$ ist dann jedenfalls sinnvoll, nämlich entweder eine wahre oder eine falsche Aussage. Ein zulässiges Modell $\mathcal{R}_1$ von $f\mathcal{R}$ ist nur dann auch Modell von $f\mathcal{R}$, wenn $f\mathcal{R}_1$ nicht nur sinnvoll, sondern wahr ist.

Wir hatten g eine „Folgerung" von f genannt, wenn $f \to g$, d.h. $(\mathcal{R})(f\mathcal{R} \to g\mathcal{R})$ gilt; diese „Implikationaussage von g" kann jetzt auch so ausgesprochen werden: „alle Modelle von f sind auch Modelle von g". Da $f \sim g$ bedeutet: $(f \to g)\&(g \to f)$, so haben äquivalente oder *umfangsgleiche* Axiomensysteme dieselben Modelle. Gilt $f \to g$, d.h. sind alle Modelle von f auch Modelle von g, so sagen wir auch: der Umfang von f sei „*Teil*" des Umfangs von g. Ist h Folgerung von g und g Folgerung von f, so auch h von f (nach Satz L18, § 1.8). Daraus folgt: sind die beiden Axiomensysteme f und g äquivalent, so stimmen sie in sämtlichen Folgerungen überein; sie unterscheiden sich nicht in ihrem theoretischen Gehalt, sondern (höchstens) in ihrer Formulierung. Wenn eine bestimmte Eigenschaft, die einem Axiomensystem zukommt, auch jedem mit ihm umfangsgleichen zukommt, so nennen wir sie eine „*wesentliche Eigenschaft*" von Axiomensystemen; andernfalls eine „*unwesentliche*". Bei einer unwesentlichen Eigenschaft kann es also vorkommen, daß sie bei zwei äquivalenten Axiomensystemen dem einen zukommt, dem anderen nicht; diese Eigenschaft kann sich daher nicht auf den theoretischen Gehalt beziehen, sondern nur auf die Formulierung. Eine wesentliche Eigenschaft eines Axiomensystems ist es z. B., daß es eine bestimmte Aussagefunktion als Folgerung hat oder nicht hat, oder daß es ein bestimmtes Modell hat oder nicht hat; eine unwesentliche Eigenschaft eines Axiomensystems ist z. B. die Anzahl seiner Axiome oder das „Vorkommen" eines bestimmten Axioms in ihm (nicht als Folgerung, sondern als Axiom).

2.4 Leer; widerspruchsvoll

Wir berücksichtigen, wie gesagt, unter den Anwendungsfällen eines Axiomensystems nicht die Realisationen, sondern nur die Modelle. Die hier und weiterhin genannten Eigenschaften von Axiomensystemen (z. B. „erfüllt") sind, wenn nicht anders vermerkt, als a-Begriffe zu verstehen; die entsprechenden k-Begriffe werden durch vorgesetztes „k" kenntlich gemacht (z. B. „k-erfüllt"). Ihre Bedeutung ergibt sich aus der der zugehörigen a-Begriffe, doch wird sie meist auch ausdrücklich angegeben, indem ein positives Kriterium (§ 1.10) für den Begriff genannt wird. Der Formelausdruck für eine neu eingeführte Eigenschaft bezeichnet den a-Begriff; den entsprechenden k-Begriff erhält man durch konstruktivistische Interpretation der Formel: eine Existenzformel wird anstatt mit „es gibt" mit „ist aufweisbar" gedeutet; eine generelle Formel mit „es ist generell beweisbar, daß ... "; negierte Formeln müssen für die konstruktivistische Deutung in positive umgedeutet werden (mit Hilfe von L22, L24, § 1.8).

Ein Axiomensystem $f\mathcal{R}$ heißt „*erfüllt*", wenn es ein Modell hat: $(\exists)f$; somit „k-erfüllt" wenn ein Modell angegeben werden kann; „*leer*", wenn es kein Modell hat: $\overline{(\exists)}f$. „Leer" und „erfüllt" sind offenbar wesentliche Eigenschaften.

Die Konjunktion (§ 1.4) einer Aussagefunktion und ihres Negates heißt eine „*kontradiktorische*" Aussagefunktion. (Dies ist eine unwesentliche Eigenschaft, die Form einer Konjunktion kann stets in eine andere Form verwandelt werden.) Besitzt ein Axiomensystem eine kon-

2.4 Leer; widerspruchsvoll

tradiktorische Folgerung, so heißt es „*widerspruchsvoll*":

$$(\exists h)\{(\mathcal{R})[f\mathcal{R} \to (h\mathcal{R} \& \bar{h}\mathcal{R})]\}$$

kurz: $(\exists h)[f \to (h \& \bar{h})]$; somit „k-widerspruchsvoll", wenn eine derartige Aussagefunktion angegeben werden kann. (Der übliche Sprachgebrauch versteht, im Unterschied zu den meisten anderen Eigenschaftsworten, unter „erfüllt" und „widerspruchsvoll" die betreffenden k-Begriffe; Aufweisbarkeit eines Modelles bezw. einer Kontradiktion; dieser Sprachgebrauch ist, weil uneinheitlich, vielleicht nicht zweckmäßig; seine berechtigte Tendenz kommt bei uns deutlicher zur Geltung, indem wir die Begriffe „k-erfüllt" und „k-widerspruchsvoll" einführen, aber von den absolutistischen Begriffen (a-)„erfüllt" und (a-)„widerspruchsvoll" unterscheiden).

Besitzt ein Axiomensystem $f\mathcal{R}$ keine kontradiktorische Folgerung, so heißt es „*widerspruchsfrei*": $\overline{(\exists h)}[f \to (h \& \bar{h})]$. Dieser Begriff ist also das Negat von „widerspruchsvoll". (Ob das Negat von a-widerspruchsvoll oder von k-widerspruchsvoll genommen wird, macht für die praktische Anwendung des Begriffs keinen Unterschied, da k-non-a-f und k-non-k-f zusammenfallen). „Widerspruchsvoll" und „widerspruchsfrei" sind wesentliche Eigenschaften, da umfangsgleiche Axiomensysteme dieselben Folgerungen haben.

Für die Eigenschaft „erfüllt" und „widerspruchsvoll" haben wir neben der absolutistischen Definition auch eine konstruktivistische, also eine solche mit positiven Kriterien angegeben (Aufweisen eines Modells bezw. einer kontradiktorischen Folgerung). Für die Negate dieser Eigenschaften, „leer" und „widerspruchsfrei" wollen wir jetzt positive Kriterien suchen.

Satz 2.4.1 *Ein widerspruchsvolles Axiomensystem ist leer.*

Begründung. Hätte das Axiomensystem ein Modell, so müßte dieses die einander widersprechenden Eigenschaften h und $\bar{h}$ haben.

Beweis 2.4.1 Das Axiomensystem $f\mathcal{R}$ sei widerspruchsvoll:

$$(\exists h)(\mathcal{R})[f\mathcal{R} \to (h\mathcal{R} \& \bar{h}\mathcal{R})] \tag{1}$$

($\sim$)   Wendung, L16 (§ 1.8):

$$(\exists h)(\mathcal{R})[\overline{(h\mathcal{R}\&\bar{h}\mathcal{R})} \to \bar{f}\mathcal{R}] \qquad (2)$$

($\sim$)   L8:

$$(\exists h)(\mathcal{R})[(\bar{h}\mathcal{R} \vee h\mathcal{R}) \to \bar{f}\mathcal{R}] \qquad (3)$$

($\to$)   L38:

$$(\mathcal{R})[(h)(\bar{h}\mathcal{R} \vee h\mathcal{R}) \to \bar{f}\mathcal{R}] \qquad (4)$$

($\to$)   L15, L1:

$$(\mathcal{R})\bar{f}\mathcal{R} \qquad (5)$$

($\to$)   L24:

$$\overline{\exists}f \qquad (6)$$

Dies besagt: $f\mathcal{R}$ ist leer.

Auf Satz 2.4.1 beruht die bekannte, besonders von Hilbert entwickelte Methode des Widerspruchsfreiheitsbeweises durch Konstruktion eines (arithmetischen) Modells.

Satz 2.4.2 *Ein leeres Axiomensystem ist widerspruchsvoll.*

Beweis 2.4.2 Das Axiomensystem $f\mathcal{R}$ sei leer:

$$\overline{\exists}f \qquad (1)$$

($\sim$)   L26:

$$f \to \bar{f} \qquad (2)$$

Tautologisch gilt (L19):

2.4 Leer; widerspruchsvoll

$$f \to f \qquad (3)$$

Aus (2) und (3), nach L21:

$$f \to (f \& \bar{f}) \qquad (4)$$

$(\to)$

$$(\exists h)[f \to (h \& \bar{h})] \qquad (5)$$

Dies bedeutet: f ist widerspruchsvoll.

Satz 2.4.2 besagt nicht, ein leeres Axiomensystem sei k-widerspruchsvoll, behauptet also nicht die Aufweisbarkeit eines Widerspruchs! (Das muß besonders derjenige beachten, der mit dem Wort „widerspruchsvoll" den k-Begriff zu bezeichnen pflegt). Für den k-Begriff gilt jedoch:

Satz 2.4.3 *Ein k-leeres Axiomensystem ist k-widerspruchsvoll.*

Beweis 2.4.3 $f\mathcal{R}$ sei k-leer; das bedeutet, daß im Beweise von Satz 2.4.1 (1) beweisbar ist. Daraus ist dann, wie oben gezeigt, (4) beweisbar; wir können also $f \& \bar{f}$ als kontradiktorische Folgerung von f aufweisen. f ist demnach k-widerspruchsvoll.

Satz 2.4.4 *Ein k-widerspruchsvolles Axiomensystem ist k-leer.*

Beweis 2.4.4 $f\mathcal{R}$ sei k-widerspruchsvoll; das bedeutet, daß im Beweise von Satz 2.4.1 (1) beweisbar ist. Daraus ist dann, wie oben, (5) und (6) beweisbar, also die allgemeine Geltung von $\bar{f}$ und somit die k-Leerheit von f.

Satz 2.4.5 *Die Eigenschaften „leer" und „widerspruchsvoll" fallen zusammen.* Folgt aus Satz 2.4.1 und 2.4.2.

Satz 2.4.6 *Die Eigenschaften „k-widerspruchsvoll" und „k-leer" fallen zusammen.* Folgt aus Satz 2.4.3 und 2.4.4.

Das gesuchte *positive Kriterium für „k-leer"* ist daher das gleiche wie für „k-widerspruchsvoll": die Aufweisung einer kontradiktorischen Folgerung.

Satz 2.4.7 *Ein erfülltes Axiomensystem ist widerspruchsfrei.* Folgt aus Satz 2.4.1 durch Wendung.

Satz 2.4.8 *Ein widerspruchsfreies Axiomensystem ist erfüllt.* Folgt aus Satz 2.4.2 durch Wendung.
Er sei auch noch selbständig bewiesen. $f\mathcal{R}$ sei widerspruchsfrei:

$$\overline{(\exists h)}\{(\mathcal{R})[f\mathcal{R} \to (h\mathcal{R}\&\bar{h}\mathcal{R})]\} \tag{1}$$

($\sim$)   L24:

$$(h)\{(\overline{\mathcal{R}})[f\mathcal{R} \to (h\mathcal{R}\&\bar{h}\mathcal{R})]\} \tag{2}$$

($\sim$)   L23:

$$(h)\{(\exists \mathcal{R})[f\mathcal{R}\&\overline{(h\mathcal{R}\&\bar{h}\mathcal{R})}]\} \tag{3}$$

($\sim$)   L20:

$$(\exists)f \tag{4}$$

Dies bedeutet: f ist erfüllt.

Satz 2.4.8 sagt nicht, ein widerspruchfreies Axiomensystem sei k-erfüllt, behauptet also nicht die Aufweisbarkeit, sondern nur die Existenz (im absolutistischen Sinne) eines Modells!

Satz 2.4.9 *Die Eigenschaften „widerspruchsfrei" und „erfüllt" fallen zusammen.* (Nicht „k-erfüllt" !). Folgt aus Satz 2.4.7 und 2.4.8.

Die Formeln (1) und (4) bei Satz 2.4.8 sind also äquivalent. Das läßt sich auch dadurch zeigen, daß der angegebene Beweis von Satz 2.4.8

auch in umgekehrter Richtung geführt werden kann, da $\overline{(h\mathcal{R}\&\bar{h}\mathcal{R})}$ nach L8 äquivalent mit $\bar{h}\mathcal{R} \vee h\mathcal{R}$, also nach L15 tautologisch ist. Für die Definition von „widerspruchsfrei" nehmen wir zweckmässigerweise nicht die negative Formel (1), sondern die positive Formel (4); damit ergibt sich dann als das gesuchte *positive Kriterium für „k-widerspruchsfrei"* dasselbe wie für „k-erfüllt" nämlich die *Aufweisung eines Modells*.

Das gefundene Kriterium ist auch bisher stets in den *Beweisen der Widerspruchsfreiheit* eines Axiomensystems angewendet worden. In den bekannten Beweisen für geometrische Axiomensysteme liegt die Aufweisung eines Modelles ausdrücklich vor. Der (Hilbertsche) Widerspruchsfreiheitsbeweis für die logischen Axiome (des Aussagen- und Funktionenkalkül) (wofern wir hier von einem Axiomensystem sprechen wollen, vgl. jedoch § 1.3) sieht auf den ersten Blick allerdings nicht aus wie eine Modellaufweisung. Bei näherem Zusehen bemerkt man jedoch, daß auch er auf eine solche hinausläuft; es wird hier freilich durch die Zuordnung zweier Zeichen (Υ und λ, oder 0 und 1) zu den Aussagevariabeln und Formeln ein nahezu triviales Modell aufgestellt, nämlich ein einelementiger Bereich (vgl. den Hinweis, den Hilbert selbst gibt: LOGIK S. 65).

Satz 2.4.10 *Die Eigenschaften „leer" und „widerspruchsfrei" bilden eine vollständige Disjunktion;* d.h. ein Axiomensystem ist, wenn nicht leer, so sicher widerspruchsfrei. Folgt aus Satz 2.4.7.

Satz 2.4.11 *Die Eigenschaften „erfüllt" und „widerspruchsvoll" bilden eine vollständige Disjunktion.* (Nicht „k-erfüllt" und „k-widerspruchsvoll"!) Das bedeutet: ein Axiomensystem ist, wenn nicht erfüllt, so sicher widerspruchsvoll. Folgt aus Satz 2.4.2.

Die genannte Disjunktion ist zwar vollständig, aber nicht entscheidbar. Es ist gegenwärtig keine Methode bekannt, nach der man allgemein für jedes vorgelegte Axiomensystem entscheiden könnte, ob es widerspruchsvoll ist oder ob es erfüllt ist. Es kann aber kein Axiomensystem geben, das weder erfüllt noch widerspruchsvoll wäre; denn wenn es nicht erfüllt ist, so ist es nach Satz 2.4.2 widerspruchsvoll. Und das ist ja gemeint, wenn wir sagen, die Disjunktion sei vollständig. Entsprechendes gilt für die Disjunktion „leer" - „widerspruchsfrei".

B Isomorphie und Struktur der Modelle

2.5 Axiomensysteme mit einer Grundrelation erster Stufe

Die für die weiteren Untersuchungen grundlegenden Begriffe der „Isomorphie" zweier Modelle, der „Struktur" eines Modells und der Eigenschaft „formal" für Axiomensysteme sollen zunächst nur für Axiomensysteme von besonders einfacher Form eingeführt und erst später auf beliebige Axiomensysteme übertragen werden. Wir betrachten Axiomensysteme, die als einzigen Grundbegriff eine Relation erster Stufe haben. Die Modelle eines solchen Axiomensystems fR sind Werte der Relationsvariabeln R erster Stufe und daher homogene Relationen. Wir können deshalb die früher genannten Eigenschaften homogener Relationen und die Beziehungen zwischen solchen hier ohne weiteres auf die Modelle anwenden. Wie nennen also z. B. zwei zulässige Modelle A, B von fR „*isomorph*", wenn $Ism(A, B)$ gilt (§ 1.6); wir sagen dann auch: A und B haben „dieselbe *Struktur*"; und die Klasse der mit A isomorphen zulässigen Modelle (des gleichen Typus) bezeichnen wir als „*Isomorphieklasse*" von A.

Mit Hilfe des Begriffs der Isomorphie können wir eine Unterscheidung zwischen zwei Arten von Axiomen (oder Axiomensystemen) vornehmen, die für unsere weiteren Untersuchungen von Wichtigkeit ist. Wir wollen die beiden Arten als „formal" und als „material" bezeichnen. Um diese Begriffe zu erläutern, betrachten wir zunächst die Gabelung eines Axioms (oder Axiomensystems). Es sei etwa ein Axiomensystem der euklidischen Geometrie in bestimmter Formulierung, z. B. der Hilbertschen, vorgelegt. Das Restsystem, das aus diesem Axiomensystem nach Streichung des Parallelenaxioms entsteht, sei fR; das Parallelenaxiom gR. Dann ist das Axiomensystem der euklidischen Geometrie $f\&g$; als nichteuklidisches Axiomensystem können wir, wenn es

2.5 Axiomensysteme mit einer Grundrelation erster Stufe

uns auf die Unterschiede zwischen den verschiedenen Arten nichteuklidischer Geometrien nicht ankommt, $f \& \bar{g}$ aufstellen, d.h. die Konjunktion des Restsystems mit dem Negat des Parallelenaxioms. Bekanntlich sind beide Geometrien widerspruchsfrei. Wir sagen hier, f könne an g „*gegabelt*" werden, da einerseits g, andererseits das Negat $\bar{g}$ zu f widerspruchsfrei hinzugefügt werden kann; f heißt hier „*gabelbar*". (Dies ist nur ein Beispiel, das die ungefähre Bedeutung der Begriffe „gabeln" und „gabelbar" erkennen läßt; die genaue Definition dieser Begriffe wird erst später gegeben). Wesentlich ist dabei, daß das gegabelte Axiomensystem sowohl mit dem gabelnden Axiom, als auch mit dem Negat verträglich ist.[6]

Bei anderen Axiomensystemen ist eine derartige Gabelung nicht möglich; sie heißen „*nichtgabelbar*". Ein solches Axiomensystem ist z. B. das der euklidischen Geometrie. Um ein einfacheres Beispiel zu nehmen, betrachten wir das folgende, gemeine Axiomensystem hR: 1) es gibt drei R-Glieder, 2) jedes Glied steht zu den beiden anderen in der Relation R, 3) R ist irreflexiv. Mit diesen drei Axiomen ist die Beschaffenheit von R völlig festgelegt, es bleibt da keine Frage mehr offen, also auch keine Möglichkeit, irgend eine formale Beschaffenheit dem R einerseits zuzuschreiben, andererseits abzusprechen; das ist der Grund dafür, daß wir h „nichtgabelbar" nennen wollen. Wie können wir nun den Begriff der Gabelung (und zwar zunächst für Axiomensysteme mit einer Grundrelation erster Stufe) definieren? Wenn wir einfach formulieren würden: „ein Axiomensystem heißt gabelbar an einem Axiom, wenn es sowohl mit diesem Axiom, als auch mit dessen Negat verträglich ist", so würde diese Definition nicht die von uns gemeinte Bedeutung treffen. Denn das vorhin genannte Axiomensystem hR ist z. B. verträglich mit dem Axiom: 4a) „die Zahl 20 ist ein R-Glied", und auch verträglich mit dessen Negat: 4b) „die Zahl 20 gehört nicht zu den R-Gliedern"; denn in den Axiomen 1 - 3 ist über den Gliederbestand von R noch nichts festgelegt. Ebenso könnte hR auch gegabelt werden an dem Axiom: „R ist Teilrelation der Relation

---

[6][Gestrichen:] ... oder in anderer Ausdrucksweise: daß das gabelnde Axiom unabhängig von dem Axiomensystem ist (§ 2.5). [Der Bezug ist nicht korrekt; möglicherweise war § 2.3 gemeint, allerdings ist der Begriff Unabhängigkeit dort nicht erwähnt.]

«eine kleinere Differenz haben als 5» zwischen natürlichen Zahlen". Diese beiden Axiome, und so auch alle anderen, an denen hier gegabelt werden könnte, haben die Eigentümlichkeit, daß sie etwas über den *Bestand* von R aussagen, über die Art der R-Glieder. Dagegen ist keine Gabelung von h mehr möglich an einem Axiom, das nicht den Bestand, sondern nur die formale Beschaffenheit von R betrifft. Es handelt sich nun darum, eine scharfe Definition dieser beiden Begriffe des „materialen" und des „formalen" Axioms zu finden, die die hier ungefähr deutlich gewordene Bedeutung trifft; gelingt uns das, so werden wir in die Definition der Gabelung die Bestimmung aufnehmen, daß das gabelnde Axiom formal sein müsse. Dann haben wir erreicht, was wir wollten: das genannte Axiomensystem hR wird dann die Definition der Nichtgabelbarkeit erfüllen, während das geometrische Restsystem dann immer noch als gabelbar anzuerkennen ist.

Die folgende *Definition* erfüllt die verlangten Bedingungen. Ein Axiom (oder Axiomensystem) fR mit einer Grundrelation erster Stufe heißt „*formal*", wenn jedes zulässige Modell, das mit einem Modell von f isomorph ist, auch Modell von f ist. Daß f formal ist, ist hiernach in Formel so auszudrücken:

$$(P,Q)[(fP \& Ism(P,Q)) \to fQ]$$

Ein formales Axiom fR sagt demnach eine *strukturelle Eigenschaft* von R aus (§ 1.7). Ein Axiom (oder Axiomensystem) nennen wir „*material*", wenn es nicht formal ist. Die Formel für diesen Begriff kann, als Negat einer Allaussage, in die Form einer Existenzaussage gebracht werden: $\overline{(P,Q)}[(fP \& Ism(P,Q)) \to fQ]$ oder (nach L22 und L33, § 1.8): $(\exists P,Q)[Ism(P,Q)) \& fP \& \bar{f}Q]$. Das positive Kriterium für die Eigenschaft „(k-)material" besteht also in der Aufweisung eines Modells und eines Nichtmodells, die miteinander isomorph sind.

2.6 Das Problem der Modellisomorphie

Um die Begriffe der Gabelung und des formalen Axiomensystems, die bisher nur für Axiomensysteme mit einer Grundrelation erster Stufe definiert sind, auf Axiomensysteme beliebiger Form übertragen zu

2.6 Das Problem der Modellisomorphie

können, müssen wir zunächst einen Isomorphiebegriff aufstellen, der auf Modelle beliebiger Axiomensysteme anwendbar ist. Wir werden diesen Begriff „Modellisomorphie" oder „mehrstufige" Isomorphie nennen; der bekannte Begriff der Isomorphie zwischen Relationen wird sich als Spezialfall hiervon erweisen, nämlich als Isomorphie erster Stufe. Die Aufgabe besteht darin, für den Begriff Modellisomorphie, von dessen Bedeutung wir zunächst nur eine mehr intuitive Vorstellung haben, eine möglichst zweckmäßige Definition zu suchen. Was werden wir von zwei Modellen eines Axiomensystems verlangen, um sie als isomorph zu bezeichnen? Sie sollen jedenfalls in allen Teilen, die für das Axiomensystem in Betracht kommen, einander (formal) entsprechen. Um das hiermit gemeinte genauer zu erfassen, betrachten wir als Beispiel ein Axiomensystem $f(P, Q, R)$, dessen Grundrelationen P, Q, R homogene Relationen erster Stufe sein mögen. P_1, Q_1, R_1 sei ein zulässiges Wertesystem für die Variabeln P, Q, R, also ein zulässiges Modell des Axiomensystems; dasselbe gelte für P_2, Q_2, R_2. Für die Modellisomorphie dieser beiden zulässigen Modelle werden wir zunächst nur verlangen, daß P_1 mit P_2 isomorph ist (im Sinne des Isomorphiebegriffs zwischen Relationen), ebenso Q_1 mit Q_2 und R_1 mit R_2. Ferner werden wir, wenn etwa P_1 und Q_1 ein gemeinsames Glied haben, verlangen, daß auch P_2 und Q_2 ein gemeinsames Glied haben; und weiter, daß etwa vorhandene gemeinsame Glieder von P_1 und Q_1 durch die Isomorphiekorrelatoren den gemeinsamen Gliedern von P_2 und Q_2 zugeordnet sind.

Ist eine Grundrelation, etwa P, inhomogen, so kann von Relationsisomorphie zwischen P_1 und P_2 nicht mehr gesprochen werden. Um die gewünschte Entsprechung zwischen P_1 und P_2 herzustellen, müssen wir bestimmen, daß es für jeden der n Gliederbereiche der etwa n-stelligen Relation P einen Korrelator gibt derart, daß der ρ−te Korrelator ($\rho = 1$ bis n) K_ρ die Glieder ρ−ter Stelle von P_1 den Gliedern ρ−ter Stelle von P_2 eineindeutig zuordnet. Diese Korrelatoren müssen ferner die Bedingung erfüllen, daß durch sie einem Glieder-n-Tupel von P_1 eine solches von P_2 zugeordnet wird und umgekehrt. Und schließlich müssen wir wieder, wie vorhin, sicherstellen, daß zusammenfallenden Gliedern zusammenfallende Glieder entsprechen; dies kann geschehen durch die Bestimmung: haben zwei der Korrelatoren ein gemeinsames Vorderglied oder ein gemeinsames Hinterglied (oder auch: sind die beiden Vorbereiche oder die beiden Nachbereiche zweier Korrelatoren isotyp), so ist auch die Vereinigung dieser Korrelatoren eineindeutig.

Die Grundrelation P sei von höherer als erster Stufe, und zwar seien die Erstglieder von P m-stellige Relationen; (das kann entweder durch den Text des Axiomensystems oder durch einen Typusindex an P zum Ausdruck gebracht sein). Dann sind sowohl die Erstglieder von P_1 als auch die von P_2 m-stellige Relationen. Jene werden diesen durch den ersten P-Korrelator K_1 gemäß der vorhin aufgestellten Forderung eineindeutig zugeordnet; dabei möge die Relation Z_1 als Erstglied von P_1 der Relation Z_2 in P_2 zugeordnet werden. Da nach unserer Annahme das Axiomensystem erkennen läßt, daß die Erstglieder von P wiederum Relationen sind, so treten Z_1 und Z_2 in dem Axiomensystem in ihrem Charakter als Relationen auf. Daher werden wir auch das Bestehen einer Korrelation zwischen den Z_1-Gliedern und den Z_2-Gliedern verlangen, d.h. das Bestehen von Korrelatoren, die entsprechende Bedingungen erfüllen, wie wir sie vorhin für die Korrelatoren zwischen P_1 und P_2 aufgestellt haben. Wenn die Erstglieder von P nicht Relationen erster Stufe sind, sondern Glieder haben, die selbst wiederum Relationen sind, so werden wir für diese auch wieder entsprechende Forderungen aufstellen. So erkennen wir, daß je nach dem Typus der Grundrelationen des Axiomensystems in verschiedener Weise Forderungen inbezug auf das Bestehen von Korrelatoren aufgestellt werden müssen. Die Aufgabe besteht nun darin, eine allgemeine Formulierung für die Definition der Modellisomorphie zu finden, die alle diese in den verschiedenen Fällen in verschiedener Weise aufzustellenden Forderungen erfüllt.

2.7 Die mehrstufige Isomorphie zwischen Relationen

Für die allgemeine Formulierung der Definition des Begriffs der Modellisomorphie werden wir die folgenden Begriffsbestimmungen zuhilfenehmen. Jede Variable, die in irgendeinem Zusammenhang vorkommt, muß einen bestimmten Typus und eine bestimmte Stufenzahl haben; (durch den Typus ist die Stufe bestimmt, aber nicht umgekehrt). So auch die Modellvariable oder, bei anderer Schreibweise, die einzelnen Grundrelationsvariabeln eines Axiomensystems. Typus und Stufe einer Variabeln sind meist aus dem Zusammenhang (z. B. aus dem Text des Axiomensystems) ersichtlich. Wo es nötig ist, wollen wir einer Variabeln die Bezeichnung des Typus als Index anhängen; hat etwas R den Typus $\mathfrak{t}(00)$, so schreiben wir $R_{(00)}$. Welche Gegenstände als „Individuen" inbezug auf eine bestimmte Variable anzusehen sind, ist durch den Typus der Variabeln nicht festgelegt; das eine Mal können Gegenstände dieser, das andere Mal Gegenstände jener Art als Individuen fungieren. Und demgemäß können Gegenstände einer bestimmten Art das eine Mal als Individuen gelten, das andere Mal als Relationen.

Beispiel 2.7.1 A_1 bezeichne die zweistellige Relation, deren Gliederpaare die Zahlenpaare 3,5 und 6,7 und 8,9 sind; also (nach § 1.5): $A_1 =_{Df} [3'5, 6'7, 8'9]$. Ferner sei $A_2 =_{Df} [3'7, 9'2]$; $A_3 =_{Df} [2'5]$; $A_4 =_{Df} [3'4, 4'6, 8'9]$. Die einstellige Relation (oder Klasse), deren Glieder diese vier Relationen sind, sei K; also $K =_{Df} [A_1, A_2, A_3, A_4]$. Die Variable P einer bestimmten Aussagefunktion fP habe nun den Typus $\mathfrak{t}(0)$ (oder $\mathfrak{t}1$), also die Stufe 1, was wir durch die Schreibung $P_{(0)}$ zum Ausdruck bringen können. Das besagt, daß die P-Werte einstellige Relationen (Klassen) von Individuen sind. Da K eine einstellige Relation von zweistelligen Relationen zwischen Zahlen ist, so können wir K als Wert der Variablen P nehmen, indem wir die zweistelligen Relationen zwischen Zahlen als Individuen ansehen.

$gQ_{((00))}$ sei eine andere Aussagefunktion. Nach der Typusbezeichnung ist Q von zweiter Stufe und die Q-Werte sind einstellige Relationen von zweistelligen Relationen zwischen Individuen. Hier können wir, obwohl die Relationsvariable Q einen anderen Typus hat als P, doch wieder dieselbe Relation K als Wert von Q nehmen; wir müssen aber dann andere Gegenstände zu Individuen nehmen, nämlich jetzt die Zahlen selbst.

An dem angeführten Beispiel wird der folgende Sachverhalt deutlich, den die Typentheorie lehrt. Eine bestimmte Relation K kann dann und nur dann als Wert einer bestimmten Relationsvariabeln R, deren Typus $\mathfrak{t}\xi$ und deren Stufenzahl q sei, genommen werden, wenn es einen

Grundbereich gibt, inbezug auf den als Individuenbereich K den Typus $\mathfrak{t}\xi$ hat. Durch $\mathfrak{t}\xi$, aber auch schon durch q ist bestimmt, welche Gegenstände in K in diesem Falle als Individuen zu betrachten sind; wie nennen sie *„Individuen von K inbezug auf die q-te Stufe"*. Zu beachten ist vor allem der Umstand, daß es keinen Sinn hat, bei einer Relation K zu fragen, welches ihre Individuen seien; diese Frage wird erst sinnvoll durch Bezugnahme auf eine Stufenzahl. Diese Zahl mag entweder ausdrücklich angegeben oder aber durch eine bestimmte Variable einer bestimmten Aussagefunktion gegeben sein.

Ist eine Relation von q−ter Stufe inbezug auf einen bestimmten Gegenstandsbereich, etwa den der natürlichen Zahlen, so gibt es nicht notwendig für jedes $p < q$ einen Individuenbereich von K inbezug auf die p−te Stufe (nämlich dann nicht, wenn inhomogene Relationen vorkommen). Die möglichen Stufenzahlen sind durch den Typus der Relation bestimmt. Auf diese Verhältnisse kann und braucht hier nicht näher eingegangen zu werden; der Sachverhalt sei nur an einem Beispiel aufgewiesen.

L_1 sei eine Relation zwischen Zahlen und Klassen von Zahlen; also Typus $\mathfrak{t}(01)$, Stufe 2. Die Individuen von L_1 inbezug auf die zweite Stufe sind demnach Zahlen. Es gibt aber infolge der Inhomogenität von L_1 hier keinen Individuenbereich inbezug auf die erste Stufe. L_1 kann nicht Wert irgendeiner Variabeln erster Stufe sein.

L_2 habe den Typus $\mathfrak{t}((01)((01)(01)))$ inbezug auf die Zahlen, also die Stufe 4. Die Individuen von L_2 inbezug auf die vierte Stufe sind Zahlen, die Individuen von L_2 inbezug auf die zweite Stufe sind vom Typus $\mathfrak{t}(01)$. Anders ausgedrückt: L_2 ist von 4. Stufe, wenn die Zahlen als Individuen genommen werden, von 2. Stufe, wenn die Relationen zwischen Zahlen und Zahlenklassen als Individuen genommen werden. Dagegen ist L_2 in keinem Bezuge von 1. oder von 3. Stufe.

Steigen wir von einer Relation K, die ein zulässiger Wert der Relation R q−ter Stufe ist, hinab zu den Gliedern (der verschiedenen Stellen) von K, dann zu deren Gliedern usf. bis zu den Individuen von K inbezug auf die q−te Stufe, so nennen wir alle die hierbei berührten Gegenstände, einschließlich der Individuen, die *„unmittelbaren und mittelbaren Glieder* von K inbezug auf die q−te Stufe".

2.7 Die mehrstufige Isomorphie zwischen Relationen

Die Relation A bestimme eine Korrelation (d.h. eine eineindeutige Zuordnung) zwischen den Elementen der Klasse k und denen der Klasse k'. Ist nun P_1 eine Relation, deren Glieder Elemente von k sind, so wird der Bestand von P_1 durch A abgebildet auf den Bestand einer anderen Relation, deren Glieder Elemente von k' sind; diese Relation sei mit P'_1 bezeichnet. Ebenso mögen andere Relationen $P_2, P_3, \ldots$ zwischen k-Elementen auf die Relationen $P'_2, P'_3, \ldots$ abgebildet werden. Durch die eineindeutige Zuordnung A zwischen den k-Elementen und den k'-Elementen ist in dieser Weise eine eineindeutige Zuordnung zwischen den Relationen jener Elemente und dieser Elemente bestimmt, nämlich die Relation $B = [P_1\,'P'_1, P_2\,'P'_2, \ldots]$ Wir sagen: die Korrelation A zwischen den Elementen „*induziert*" eine Korrelation B zwischen den Relationen dieser Elemente. Diese induzierte Korrelation B induziert nun wieder ihrerseits eine Korrelation C auf der nächst höheren Stufe, nämlich eine eineindeutige Zuordnung zwischen den Relationen, deren Glieder die Relationen $P_1, P_2, \ldots$ sind, und den Relationen, deren Glieder die Relationen $P_1, P_2, \ldots$ sind. Von der ersten Zuordnung A sagen wir, sie „*induziert unmittelbar* bezw. *mittelbar*" alle diese Zuordnungen $B, C, \ldots$, die durch ein- bezw. mehrmalige Induktion aus A hervorgehen.

K und K' seien gegebene Relationen. Ist nun A eine eineindeutige Zuordnung zwischen den Individuen von K inbezug auf die q−te Stufe und den Individuen von K' inbezug auf die q−te Stufe, so heißt A ein „*Individuenkorrelator* zwischen K und K' inbezug auf die q−te Stufe". Ist dieser Individuenkorrelator A so beschaffen, daß K und K' durch eine von A (unmittelbar oder mittelbar) induzierte Zuordnung einander entsprechen, so heißt A ein „*q−stufiger Korrelator* zwischen K und K'" und die Relationen K und K' heißen „*q−stufig isomorph* (mit einander)".

Was bedeutet auf Grund der gegebenen Definition die *einstufige Isomorphie*? Sie besteht zwischen zwei Relationen M und M', wenn es einen einstufigen Korrelator zwischen M und M' gibt, d.h. einen derartigen Individuenkorrelator A zwischen M und M' inbezug auf die erste Stufe, daß M und M' einander durch eine von A induzierte Zuordnung entsprechen. Das bedeutet aber, daß A eine induzierte Zuordnung zwischen den M-Gliedern und den M'-Gliedern ist derart, daß einem M-n-tupel ein M'-n-tupel zugeordnet ist und umgekehrt; A ist also ein gewöhnlicher Isomorphiekorrelator zwischen den homogenen Relationen M und M'. *Einstufige Isomorphie ist also gleichbedeutend mit der (Relations-)Isomorphie im früheren Sinne.* Wir bezeichnen die q-stufige Isomorphie zwischen P und P' durch das *Formelzeichen* $Ism_q(P,P')$; $Ism(P,P')$ ist dann gleichbedeutend mit $Ism_1(P,P')$.[7].

2.8 Die mehrstufige Isomorphie zwischen Modellen

Die genannte Definition der mehrstufigen Isomorphie zwischen zwei Relationen läßt sich nun leicht anwenden auf die *Modelle* eines Axiomensystems und bestimmt uns damit den gesuchten Begriff der Modellisomorphie. Ist (P_1, Q_1, R_1) ein zulässiges Modell des Axiomensystems $f(P,Q,R)$, so heißt das: jenes geordnete System dreier Konstanten ist ein zulässiges Wertesystem des geordneten Variabelnsystems (P,Q,R). Wir können nun das Konstantensystem (P_1, Q_1, R_1) als eine einwertige dreistellige Relation auffassen, d.h. als eine Relation mit nur einem Erstglied, einem Zweitglied, einem Drittglied; führen wir wie früher die Modellbezeichnung $\mathcal{R}_1$ ein, so ist $\mathcal{R}_1$ durch die Bestandsliste bestimmt: $\mathcal{R}_1 =_{Df} [P_1 \,'Q_1 \,'R_1]$. Ebenso sei $\mathcal{R}_2 =_{Df} [P_2 \,'Q_2 \,'R_2]$ ein zulässiges Modell desselben Axiomensystems $f(P,Q,R)$, das wir wie früher mit der Modellvariabeln $\mathcal{R}$ schreiben: $f\mathcal{R}$. Wir haben gesehen, daß wir die Werte $\mathcal{R}_1$ und $\mathcal{R}_2$ der Variabeln $\mathcal{R}$ als Relationen auffassen können; wir dürfen daher auch die Modellvariable $\mathcal{R}$ als Relationsvariable betrachten (wobei wir sie aber nicht mit den Grundrelationsvariabeln P, Q, R verwechseln dürfen). $\mathcal{R}$ ist eine dreistellige Relationsvariable, deren Werte die einzelnen Modelle sind; sind $\mathcal{R}_1$

---

[7][Gestrichen:] Die Relationen K und K' seien zulässige Werte der Variabeln R des Typus $t\xi$. Ist nun A eine eineindeutige Zuordnung zwischen den Individuen von K inbezug auf $t\xi$ und den Individuen von K' inbezug auf $t\xi$, so heißt A ein „*Individuenkorrelator* zwischen K und K' inbezug auf $t\xi$". Ist dieser Individuenkorrelator A so beschaffen, daß K und K' durch eine von A induzierte Zuordnung einander entsprechen, so heißt A ein „*vollständiger Korrelator* zwischen K und K' inbezug auf $t\xi$" und die Relationen K und K' heißen „*vollständig isomorph* (mit einander) *inbezug auf den Typus* $t\xi$".

und $\mathcal{R}_2$ nicht nur zulässige Modelle, sondern Modelle von f, so ist $\mathcal{R} =_{Df} [P_1 \,'Q_1 \,'R_1, P_2 \,'Q_2 \,'R_2, \ldots]$. Sind die Typen von P, Q, R in $f(P,Q,R) : \mathfrak{t}\pi, \mathfrak{t}\xi, \mathfrak{t}\rho$, so ist demnach der Typus von $\mathcal{R} : \mathfrak{t}(\pi\xi\rho)$; die Stufenzahl von $\mathcal{R}$ ist um 1 größer als die Stufenzahl von P, Q, R.

Jetzt kann die gegebene *Definition der (mehrstufigen) Isomorphie* ohne weiteres auf die *Modelle* eines Axiomensystems angewendet werden. Die Übertragung der Definition sei in zwei Formulierungen gegeben.

Definition 2.8.1 *Erste Fassung: $\mathcal{R}_1$ und $\mathcal{R}_2$ seien zulässige Modelle des Axiomensystems $f\mathcal{R}$, dessen Modellvariable $\mathcal{R}$ von $q-$ter Stufe sei; dann heißen $\mathcal{R}_1$ und $\mathcal{R}_2$ „q-stufig isomorph", wenn es einen $q-$stufigen Korrelator zwischen $\mathcal{R}_1$ und $\mathcal{R}_2$ gibt.*

Zweite Fassung: $(P_1, Q_1, \ldots)$ und $(P_2, Q_2, \ldots)$ seien zulässige Modelle des Axiomensystems $f(P, Q, R)$; die größte der Stufenzahlen der Grundrelationen $P, Q, \ldots$ sei p; dann heißen $(P_1, Q_1, \ldots)$ und $(P_2, Q_2, \ldots)$ „$(p+1)-$stufig isomorph", wenn es eine eineindeutige Relation A von folgender Art gibt; für jede Grundrelation R des Axiomensystems, deren Stufenzahl r sei und deren Wert im ersten Modell R_1 und in zweiten R_2 sei, gibt es eine Relation B, die Teilrelation von A ist und die ein $r-$stufiger Korrelator zwischen R_1 und R_2 ist.

Die zweite Fassung hat den Vorzug, daß sie die Begriffe der Grundrelation eines Axiomensystems anstatt der bisher nicht üblichen Modellvariabeln benutzt; die erste Fassung ist aber bedeutend einfacher.

Aus der Definition der mehrstufigen Isomorphie ergeben sich die folgenden Sätze; die entsprechenden Sätze für den Sonderfall der einstufigen Isomorphie sind schon bekannt (§ 1.8, L41 - L43):

Satz 2.8.1 *Die $q-$stufige Isomorphie ist stets (d.h. für einen beliebigen Wert von q) (total)* reflexiv:

$$(P, q) Ism_q(P, P)$$

Satz 2.8.2 *Die $q-$stufige Isomorphie ist stets* symmetrisch:

$$(P, Q, q)[Ism_q(P, Q) \to Ism_q(Q, P)]$$

Satz 2.8.3 *Die q−stufige Isomorphie ist stets* transitiv:

$$(P, Q, R, q)[(Ism_q(P,Q) \& Ism_q(Q,R)) \to Ism_q(P,R)].$$

Die Definition der mehrstufigen Isomorphie kann nicht allgemein durch eine Formel ausgedrückt werden; die genaue Form der Definition ist auch für eine bestimmte Stufenzahl q noch verschieden, nämlich abhängig von dem (q−stufigen) Typus der betreffenden Relationen. Im einzelnen Falle, wo ja stets ein bestimmter Typus vorliegt, kann also das Bestehen der mehrstufigen Isomorphie wohl durch eine Formel ausgedrückt werden, nachstehend wird ein Beispiel hierfür gegeben. Analoges fanden wir schon für den einfachen Begriff der Isomorphie (zwischen Relationen). Sprechen wir kurz von der „*Isomorphie*" zweier Modelle eines bestimmten Axiomensystems $f\mathcal{R}$, so ist damit, wenn $\mathcal{R}$ von q−ter Stufe ist, q−stufige Isomorphie gemeint.

2.9 Beispiel zur mehrstufigen Isomorphie

Das folgende Beispiel möge den Begriff der mehrstufigen Modellisomorphie erläutern. Es läßt sich deutlich erkennen, daß durch die Substitution irgendeines Elementenbereiches eines Modells K ein Modell K' entsteht, das mit K q−stufig isomorph ist, wenn jene Elemente Individuen von K inbezug auf die q−te Stufe sind. Und umgekehrt kann die Beziehung der mehrstufigen Isomorphie zwischen zwei Relationen (z. B. Modellen des Axiomensystems) stets als Substitution gedeutet werden.

Beispiel 2.9.1 Wir greifen auf das Beispiel von § 2.7 zurück. Wir hatten vier Relationen zwischen natürlichen Zahlen bestimmt: $A_1 =_{Df}$ [3'5, 6'7, 8'9]; $A_2 =_{Df}$ [3'7, 9'2]; $A_3 =_{Df}$ [2'5]; $A_4 =_{Df}$ [3'4, 4'6, 8'9]; und eine einstellige Relation (Klasse), deren Glieder diese vier Relationen sind: $K =_{Df} [A_1, A_2, A_3, A_4]$. Wie früher gezeigt, ist K ein zulässiger Wert einer Variabeln Q von zweiter Stufe und vom Typus $\mathfrak{t}((00))$, wobei die Glieder der Glieder von K, also die Zahlen 2, 3, ... , 9 als Individuen anzusehen sind. Wir betrachten jetzt

2.9 Beispiel zur mehrstufigen Isomorphie

die eineindeutige Relation M, die wir durch ihren Bestand festlegen: $M =_{Df} [12'2, 13'3, 14'4, 15'5, 16'6, 17'7, 18'8, 19'9]$. Durch die Relation M werden nun die Bestände der Relationen A_1, A_2, A_3, A_4 abgebildet auf die Bestände von vier anderen Relationen, die wir mit A'_1, A'_2, A'_3, A'_4 bezeichnen wollen: $A'_1 =_{Df} [13'15, 16'17, 18'19]$; $A'_2 =_{Df} [13'17, 19'12]$; $A'_3 =_{Df} [12'15]$; $A'_4 =_{Df} [13'14, 15'16, 18'19]$. Die dadurch bestimmte Zuordnung zwischen diesen vier neuen Relationen und den alten werde mit N bezeichnet: $N =_{Df} [A'_1{'}A_1, A'_2{'}A_2, A'_3{'}A_3, A'_4{'}A_4]$. N ist eine durch M „*induzierte*" Zuordnung. In anderer Ausdrucksweise: M ist eine „Transformation" (nämlich die Transformation durch die Operation +10); oder M ist die „Substitution"

$$\frac{12, \quad 13, \quad 14, \quad 15, \quad 16, \quad 17, \quad 18, \quad 19}{2, \quad 3, \quad 4, \quad 5, \quad 6, \quad 7, \quad 8, \quad 9}$$

und N ist eine durch M „*induzierte Substitution*". Da die durch N abgebildeten Relationen die Glieder der Relation K sind, so wird der Bestand von K durch N abgebildet auf den Bestand einer anderen Relation, die mit K' bezeichnet sei: $K' =_{Df} [A'_1, A'_2, A'_3, A'_4]$. K' entspricht dem K in einer Zuordnung, die durch N unmittelbar, also durch M mittelbar induziert ist.

Es sei weiterhin noch eine dreistellige Relation A_5 durch ihren Bestand bestimmt: $A_5 =_{Df} [2'7'7, 3'6'9]$. Durch die Substitution M erhalten wir hieraus die andere Relation $A'_5 =_{Df} [12'17'17, 13'16'19]$. Da K und K' durch Substitution der Bestände hervorgegangen ist, so sind K und K' isotyp; ihr Typus ist nämlich $\mathsf{t}((00))$, wenn wir die Zahlen als Individuen nehmen. Ebenso sind A_5 und A'_5 isotyp; ihr Typus ist nämlich $\mathsf{t}(000)$ inbezug auf dieselben Individuen.

Es sei nun eine zweistellige inhomogene Aussagefunktion, z. B. ein Axiomensystem, gegeben, deren Variabeln die Typen $\mathsf{t}((00))$ und $\mathsf{t}(000)$ haben. Wir schreiben die Funktion, da es uns hier nur auf ihren Typus, nicht auf ihre genauere Gestalt im Einzelnen ankommt, kurz so: $f(Q, R)$, genauer: $f(Q_{((00))}, R_{(000)})$. Die Modellvariable (das System der Relationsvariabeln) der Aussagefunktion $f(Q, P)$ hat also den Typus $\mathsf{t}(((00))(000))$. Betrachten wir die Funktion als Aussagensystem, so sind Q und R die beiden Grundrelationen. (K, A_5) ist ein *zulässiges*

Modell von $f(Q, R)$, da K (nach seinem vorhin festgestellten Typus) ein zulässiger Wert der Variabeln Q, A_5 ein solcher der Variabeln R ist; ebenso ist (K', A_5') ein zulässiges Modell des Axiomensystems.

Wir wollen jetzt die früher definierten Begriffe anwenden. Die Zahlen 2,3, ... 9 sind die Individuen von K inbezug auf die zweite Stufe.[8] Sie sind auch zugleich die einzigen mittelbaren Glieder von K inbezug auf die zweite Stufe; die unmittelbaren Glieder sind A_1, A_2, A_3, A_4. Die Zahlen 2,3,6,7,9 sind die *Individuen* von A_5 inbezug auf die erste Stufe; sie sind zugleich die unmittelbaren Glieder von A_5; mittelbare Glieder hat eine Relation nur inbezug auf eine höhere als die erste Stufe. Für (Q, R) schreiben wir die *Modellvariable* $\mathcal{R}$; $\mathcal{R}$ hat dann den Typus $\mathsf{t}(((00))(000))$ und die Stufenzahl 3. Ferner setzen wir: $\mathcal{R}_1 =_{Df} [K' A_5]$, $\mathcal{R}_1' =_{Df} [K'' A_5']$; dann sind $\mathcal{R}_1$ und $\mathcal{R}_1'$ zulässige Werte von $\mathcal{R}$, also *zulässige Modelle* des Axiomensystems. M ist *Individuenkorrelator* zwischen K und K' inbezug auf die zweite Stufe. Eine Teilrelation von M ist Individuenkorrelator zwischen A_5' und A_5 inbezug auf die erste Stufe. Daher ist M auch Individuenkorrelator zwischen $\mathcal{R}_1'$ und $\mathcal{R}_1$ inbezug auf die dritte Stufe. Ferner ist M auch *zweistufiger Korrelator* zwischen K' und K. Also sind K' und K *zweistufig isomorph*. Eine Teilrelation von M ist einstufiger Korrelator zwischen A_5' und A_5; A_5' und A_5 sind daher einstufig isomorph. Da der einstufige Korrelator zwischen A_5' und A_5 eine Teilrelation von dem zweistufigen Korrelator zwischen K' und K, nämlich M, ist, so ist M auch dreistufiger Korrelator zwischen $\mathcal{R}_1'$ und $\mathcal{R}_1$; $\mathcal{R}_1$ und $\mathcal{R}_1'$ sind daher *dreistufig isomorph*.

Es soll jetzt gezeigt werden, wie der *Begriff der mehrstufigen Isomorphie formelmäßig ausgedrückt* werden kann. $f\mathcal{R}$ sei wiederum Abkürzung für $f(Q_{((00))}, R_{(000)})$, und $\mathcal{R}_1$ für das Modell (K, A_5). Die Eigenschaft von $\mathcal{P}$, dreistufig isomorph mit $\mathcal{R}_1$ zu sein, also die Aussagefunktion $Ism_3(\mathcal{P}, \mathcal{R}_1)$ mit der Variablen $\mathcal{P}$, ist dann, wie die Be-

---

[8][An dieser Stelle im Manuskript folgt eine 14-zeilige Passage, die Carnap durch den im folgenden wiedergegebenen Text ersetzt hat. Der Begriff „vollständig isomorph" fällt damit fort.]

2.9 Beispiel zur mehrstufigen Isomorphie

trachtung des gegebenen Beispiels leicht ergibt, so auszudrücken:

$$(\exists s, t, u, v, w, x, y, z, P, Q, R, S, T, Z)(P = [t'v, w'x, y'z] \,\&\,$$
$$Q = [t'x, z's] \,\&\, R = [s'v] \,\&\, S = [t'u, u'w, y'z] \,\&\, T = [s'x'x, t'w'z] \,\&\,$$
$$Z = [P, Q, R, S] \,\&\, \mathcal{P} = [Z'T]).$$

(Hier entsprechen die Variabeln $s, t, \ldots z$ den Zahlen 2,3, ... 9; $P, Q \ldots T$ den Relationen $A_1, A_2, \ldots A_5$; Z der Relation K). Es ist zu beachten, daß in dieser Formel für $Ism_3(\mathcal{P}, \mathcal{R}_1)$ das Modell $\mathcal{R}_1$ und seine Relationen K und A_5 nicht mehr auftreten; die Formel enthält außer logischen Konstanten nur Variable. Anstatt „P ist q-stufig isomorph mit $\mathcal{R}_1$" können wir auch, wie wir später sehen werden (§ 2.12), sagen: „P hat die q-stufige Struktur von $\mathcal{R}_1$"; und „die q-stufige Struktur von $\mathcal{R}_1$" kann angegeben werden, ohne $\mathcal{R}_1$ zu nennen; durch eine bloß Variable enthaltende Strukturformel (§ 2.11), analog der früher erläuterten Strukturformel für Relationsstrukturen (§ 1.7).

Handelt es sich nicht, wie in dem genannten Fall, um die mehrstufige Isomorphie mit einem bestimmten Modell des Axiomensystems, sondern um den allgemeineren Begriff der mehrstufigen Isomorphie, bezogen auf das genannte Axiomensystem $f\mathcal{R}$, so wird der Formelausdruck komplizierter. Denn für diesen Begriff ist nicht mehr die Anzahl der Gegenstände der verschiedenen Typen bestimmt, sondern nur noch die vorkommenden Typen. Die Beziehung der dreistufigen Isomorphie zwischen den Relationsvariabeln $\mathcal{P}$ und $\mathcal{P}'$, die den Typus $t(((00))(000))$ der Modellvariabeln des Axiomensystems $f\mathcal{R}$ unseres Beispiels haben mögen, schreiben wir formelmäßig als zweistellige Aussagefunktion $Ism_3(\mathcal{P}, \mathcal{P}')$. Die (Formel-) Definition dieser Aussage kann, wie die Betrachtung des Beispiels und der angegebenen (Wort-) Definition der mehrstufigen Isomorphie lehrt, in der weiter unten folgenden Weise formuliert werden. Damit ist dann die *Definition der mehrstufigen Isomorphie in Formelzeichen* gegeben, freilich nur für einen bestimmten Typus; wie schon erwähnt, ist nur dieses, nicht aber eine allgemeine Formulierung, möglich. $Ismk(S, P, Q)$ soll bedeuten: S ist Isomorphiekorrelator zwischen den homogenen Relationen P und Q; (§ 1.6; die Definition dieses Begriffs kann leicht formelmäßig ausgedrückt werden, aber nicht allgemein, sondern jeweils nur für eine bestimmte Stellenzahl von P und Q). Trl bedeutet: Teilrelation (Definition in § 1.4).

$$Ism_3(\mathcal{P}, \mathcal{P}') =_{Df} (\exists Z, T, Z', T', X, Y, W)\{Ismk(X, T, T') \& \\ Ismk(Y, Z, Z') \& (U, U')(Y(U, U') \to (\exists V)[Ismk(V, U, U') \& \\ Trl(V, W)]) \& Trl(X, W) \& \mathcal{P} = [Z'T] \& \mathcal{P}' = [Z''T']\}.$$

(Z entspricht dem K, T dem A_5, die Z–Glieder U (von unbestimmter Anzahl) den $A_1 \ldots A_4$; W ist der Individuenkorrelator, X, Y, V sind Isomorphiekorrelatoren).

2.10 Kritik anderer Definitionen der Modellisomorphie

Die gegebene Definition der mehrstufigen Isomorphie verlangt mehr, als man in den bisherigen Theorien der Axiomensysteme von Modellen verlangt hat, um sie „isomorph" zu nennen. Es seien deshalb die folgenden Thesen über gewisse anders formulierte Beziehungen zwischen Modellen ausgesprochen und durch ein Beispiel belegt. Die Thesen bringen erstens zum Ausdruck, daß diese Beziehungen nicht mit der mehrstufigen Isomorphie (im Sinne unserer Definition) übereinstimmen. Die Thesen besagen zweitens, daß diese Beziehungen nicht das treffen was man allgemein mit dem Isomorphiebegriff für Modelle treffen will. Eine Definition ist ja nicht nur eine willkürliche Namengebung, sondern sie hat häufig die Aufgabe, eine mehr oder weniger vage vorschwebende Beziehung zu treffen, in scharfe Begriffe zu fassen. Daher kann eine Definition vom wissenschaftspraktischen Gesichtspunkt aus, auch wenn sie logisch einwandfrei ist, dadurch widerlegt werden, genauer: als unzweckmäßig nachgewiesen werden, daß ein Fall aufgewiesen wird, der die Definition erfüllt, auf den aber auch der die Definition Aufstellende die zu definierende Bezeichnung nicht anwenden möchte. Der Kürze halber wollen wir (nur hier) von zwei Modellen sagen, sie seien „ähnlich" bzw. „nicht ähnlich", wenn sie so beschaffen sind, daß man die Bezeichnung „Modellisomorphie" (nach deren Definition man erst sucht) auf sie anwenden bezw. nicht anwenden möchte.

2.10 Kritik anderer Definitionen der Modellisomorphie

1. Nicht jeder *Individuenkorrelator* zweier zulässiger Modelle eines Axiomensystems inbezug auf die q-te Stufe ist auch ein q-stufiger Korrelator. Es lassen sich daher Modelle angeben, die zwar einen Individuenkorrelator (inbezug auf die q-te Stufe) besitzen, die aber weder q-stufig isomorph (im Sinne unserer Definition) noch ähnlich (im gewöhnlich gemeinten, noch nicht definierten Sinne) sind.

2. In den Theorien der Axiomatik hat man auf die Modelle zuweilen anstelle der mehrstufigen Isomorphie einfach die bekannte Relationsisomorphie, d.h. die einstufige *Isomorphie* angewendet. Demgegenüber ist zu betonen:

   (a) Modelle eines Axiomensystems mit nur einer Grundrelationsvariabeln (etwa q-ter Stufe), also Modelle die selbst durch je eine konstante Relation dargestellt sind, können die Definition der Relationsisomorphie erfüllen und dabei doch weder (q-stufig) isomorph noch ähnlich sein;

   (b) bestehen zwei Modelle $(P_1, P_2, \ldots P_n)$ und $(Q_1, Q_2, \ldots Q_n)$ eines Axiomensystems aus je n Relationen und sind dabei die Relationen gleicher Stelle (relations-)isomorph $[Ism(P_1, Q_1); \ldots Ism(P_n, Q_n)]$, so brauchen die Modelle trotzdem weder (q-stufig) isomorph noch ähnlich sein.

3. Zuweilen wird die Modellisomorphie dahin definiert, daß es eine Zuordnung gibt, durch die jedem unmittelbaren oder mittelbaren *Glied eineindeutig ein solches des anderen Modells zugeordnet wird*. Demgegenüber ist zu betonen, daß diese Definition auch dann noch unzureichend ist, wenn sie durch folgende Zusätze ergänzt wird:

   (a) der Audruck „unmittelbares oder mittelbares Glied" muß durch Bezugnahme auf eine Stufenzahl präzisiert werden;

   (b) es muß gesagt werden, was unter dem Individuum eines Modells (inbezug auf eine bestimmte Stufenzahl) zu verstehen ist;

(c) es muß noch verlangt werden, daß die einander zugeordneten Gegenstände von gleichem Typus inbezug auf die Individuen ihres Modells sind.

Wenn zwei zulässige Modelle diese Definition auch in der angedeuteten schärferen Form erfüllen, so brauchen sie trotzdem weder (q-stufig) isomorph noch ähnlich zu sein.

4. Auch wenn die vorstehend genannten Bedingungen (1, 2b, 3 mit Ergänzungen a,b,c) zusammengenommen werden, so sind sie noch unzureichend. Es lassen sich nämlich zwei zulässige Modelle G, G' eines Axiomensystems, dessen Modellvariable von q-ter Stufe ist, angeben, die die folgenden Bedingungen erfüllen:

(a) G und G' besitzen einen Individuenkorrelator (inbezug auf die q-te Stufe),

(b) G und G' bestehen aus der gleichen Anzahl von Grundrelationen und je zwei Relationen gleicher Stelle sind mit einander (Relations-)isomorph,

(c) es läßt sich eine Zuordnung angeben, durch die jedem unmittelbaren oder mittelbaren Glied (inbezug auf die q-te Stufe) von G eineindeutig ein solches von G' zugeordnet wird, das denselben Typus hat (bezogen auf die Individuen inbezug auf die q-te Stufe);

(d) G und G' sind trotzdem weder (q-)stufig isomorph noch ähnlich.

Diese These (und damit auch die vorhergehenden) soll durch ein *Beispiel* belegt werden.

Beispiel 2.10.1 Wir definieren in folgender Weise durch Bestandslisten zwei einwertige Relationen G, G' und ihre Glieder B_1, B_2 bzw. B'_1, B'_2, die auch Relationen sind: $B_1 =_{Df}$ $[1, 2, 3]; B_2 =_{Df} [4, 5, 6, 7]; G =_{Df} [B_1{}'B_2]; B'_1 =_{Df} [11, 12]; B'_2 =_{Df}$ $[13, 14, 15, 16, 17]; G' =_{Df} [B'_1{}'B'_2]$. Sehen wir die Zahlen als Individuen an, so haben G und G' den Typus $\mathrm{t}(11)$ und die Stufenzahl 2; G und

2.10 Kritik anderer Definitionen der Modellisomorphie

G' sind daher zulässige Modelle eines Axiomensystems $fR_{(11)}$ mit einer Grundrelation zweiter Stufe. Die vier vorher genannten Bedingungen sind nun für G und G' erfüllt:

1. G und G' haben einen Individuenkorrelator (inbezug auf die zweite Stufe); denn den sieben Individuen $1, 2, \ldots 7$ von G können eineindeutig die sieben Individuen $11, 12, \ldots 17$ von G' zugeordnet werden.

2. Die beiden Modelle bestehen nur aus je einer Relation, und diese Relationen G und G' sind (Relations-)isomorph, da ja beides homogene, einwertige, zweistellige, irreflexive Relationen sind; ein Isomorphiekorrelator zwischen ihnen ist z. B. $T =_{Df}$ $[B_1\,'B_1', B_2\,'B_2']$. Jedem unmittelbaren oder mittelbaren Glied von G (inbezug auf die zweite Stufe) läßt sich eineindeutig ein solches von G' zuordnen, das (inbezug auf Zahlen als Individuen) den gleichen Typus hat; für die Individuen (Typus $t0$) ist dies schon gezeigt; sie sind die einzigen mittelbaren Glieder von G bezw. G'. Die unmittelbaren Glieder sind B_1, B_2 bezw. B_1', B_2'. Sie haben denselben Typus, nämlich $t(0)$ oder $t1$. Wir ordnen $B_1\,B_1'$ und $B_2\,B_2'$ zu. Damit ist die dritte Bedingung erfüllt.

3. Obwohl somit für die Modelle G und G' die drei Bedingungen zugleich erfüllt sind, sind diese Modelle *nicht* (zweistufig) *isomorph*. Denn nicht nur der genannte, sondern jeder Individuenkorrelator zwischen G und G' bildet die dreiwertige Relation (Klasse) B_1 wieder auf eine dreiwertige Relation ab, während B_1' zweiwertig ist; eine durch einen Individuenkorrelator induzierte Zuordnung ist daher zwischen B_1 und B_1' nicht möglich, daher auch nicht zwischen G und G'.

Auch wird niemand die Modelle G und G' als ähnlich ansehen, da das Vorderglied von G eine Klasse mit drei Elementen ist, das von G' aber eine Klasse mit 2 Elementen. Dabei ist wesentlich, daß wir ein Axiomensystem $fR_{(11)}$ vorausgesetzt haben, und nicht etwa ein solches der Form $gP_{(00)}$, für das genannten Modelle auch zulässig sein würden. Durch die abkürzende Form $fR_{(11)}$ für das Axiomensystem ist ausgedrückt, daß der Text des Axiomensystems die Glieder von G und G'

als Klassen erkennen läßt. Das ist der Grund, warum man zur Anerkennung der Ähnlichkeit der Modelle die Gleichzahligkeit von B_1 und B'_1 verlangen würde. Man sieht leicht, daß die Angabe der Stufenzahl 2, auch ohne Angabe des Typus $t(11)$, schon genügen würde, um diese Forderung zu stellen.

Es ist besonders zu beachten, daß bei unserer Fassung des Begriffs der Modellisomorphie die Frage, ob zwei gegebene Modelle isomorph seien, erst dann einen Sinn hat, wenn gesagt wird, auf welche Stufenzahl die Isomorphie bezogen werden soll. Die Stufenzahl kann in einem bestimmten Falle in verschiedener Weise festgelegt sein: 1) durch direkte Zahlenangabe; 2) durch Angabe eines Typusausdrucks; 3) durch Angabe eines Gegenstandsbereichs, der für ein Modell als Individuenbereich gelten soll; 4) durch Angabe einer Aussagefunktion, z. B. eines Axiomensystems, zu dem die beiden Modelle als zulässige Werte bezw. als zulässige Modelle gehören sollen. Ist q kleiner als r, so kann es vorkommen, daß zwei bestimmte Modelle $\mathcal{A}, \mathcal{B}$ q–stufig isomorph, aber r–stufig nicht-isomorph sind.

Beispiel 2.10.2 Wir greifen auf das soeben behandelte Beispiel zurück. Die Relationen G und G' sind, wie wir gesehen haben, zulässige Werte einer Variabeln zweiter Stufe, und sie sind zweistufig nicht-isomorph. Beide sind aber auch zulässige Werte einer Variabeln $Q_{(00)}$ erster Stufe, wobei die Zahlklassen als Individuen fungieren. Inbezug auf die erste Stufe sind B_1 und B_2 Individuen von G, B'_1 und B'_2 die von G'. Inbezug auf die erste Stufe ist dann $T =_{Df} [B_1{}'B'_1, B_2{}'B'_2]$ ein Individuenkorrelator und zugleich ein einstufiger Korrelator zwischen G und G', da der Bestand von G' durch T in den von G abgebildet wird, also G und G' einander in einer von T induzierten Zuordnung entsprechen. G und G' sind also einstufig isomorph, obwohl sie zweistufig nicht-isomorph sind. Haben wir zwei Axiomensysteme von der Form $fR_{(11)}$ und $gP_{(00)}$, so sind, wie erwähnt, G und G' zulässige Modelle sowohl des ersten wie des zweiten; inbezug auf das erste sind sie nicht-isomorphe Modelle, inbezug auf das zweite isomorphe Modelle.

2.11 Die mehrstufigen Strukturen

Wir hatten früher (§ 2.5) den Begriff der „*Struktur*" eines Modells nur für eine besonders einfache Art von Axiomensystemen eingeführt. Nachdem wir jetzt für die Modelle eines beliebigen Axiomensystems den Begriff der mehrstufigen Isomorphie aufgestellt haben, erweitern wir die Definition der Struktur sinngemäß: wir sagen von zwei Werten $\mathcal{A}$ und $\mathcal{B}$ einer (allgemeinen oder Modell-) Variabeln $\mathcal{R}$ von q−ter Stufe (insbesondere also von zwei zulässigen Modellen $\mathcal{A}$ und $\mathcal{B}$ eines Axiomensystems $f\mathcal{R}$), daß sie „*dieselbe q−stufige Struktur*" haben, wenn sie q-stufig isomorph sind; in Formel: $Ism_q(\mathcal{A}, \mathcal{B})$. Und die Klasse der mit $\mathcal{A}$ q-stufig isomorphen (und mit $\mathcal{A}$ isotypen) zulässigen Modelle bezeichnen wir als „*q−stufige Isomorphieklasse*" von $\mathcal{A}$. Ist von einem bestimmten Axiomensystem die Rede, so dürfen wir kurz von der „Struktur" und der „Isomorphieklasse" eines Modells sprechen, ohne die Stufenzahl jedesmal nennen zu müssen; diese Ausdrücke sind dann zu verstehen als bezogen auf die Stufenzahl der Modellvariabeln des Axiomensystems.

Wie wir früher gesehen haben, kann die Relationsstruktur einer Relation R (mit endlicher Gliederzahl) dargestellt werden, indem man in der Bestandsliste von R die Glieder eineindeutig durch Variable ersetzt. Um die (mehrstufige) Struktur eines Modells in analoger Weise darzustellen, müssen wir zunächst den Begriff des „*Bestandes*" eines Modells aufstellen. Unter der „Bestandsliste" einer Relation (§ 1.4) verstanden wir die Liste ihrer Glieder-n-tupel. Unter der „*q−stufigen Bestandsliste eines Modells*" $\mathcal{A}$ wollen wir eine Darstellung des Modells von folgender Art verstehen. $\mathcal{A}$ wird (wie in § 2.7 angegeben) dargestellt als einwertige Relation q−ter Stufe, deren Glieder die Grundrelationen sind; die hier als Glieder aufzuführenden Grundrelationen werden dargestellt durch ihren Bestand, also durch die Liste ihrer Glieder-n-tupel, diese Glieder werden, sofern sie nicht Individuen von $\mathcal{A}$ (inbezug auf die q-te Stufe) sind, wiederum dargestellt durch ihren Bestand; und so fort bis hinab zu den Individuen von $\mathcal{A}$. Wenn die Modelle in dieser Weise durch ihren (q−stufigen) Bestand dargestellt werden, so kommt die Beziehung der (q−stufigen) Isomorphie zweier Modelle in besonders einfacher und deutlicher Weise zum Ausdruck; sind $\mathcal{A}$ und $\mathcal{B}$ q-stufig isomorph, so kann man nämlich aus der q-stufigen Bestandsliste von $\mathcal{A}$ diejenige von $\mathcal{B}$ durch eine bloße Substitution der Individuen herstellen.

Weiter kann dann, analog zur Darstellung einer Relationstruktur, die q-stufige Struktur eines Modells $\mathcal{A}$ (bei endlicher Anzahl der unmittelbaren und mittelbaren Glieder) dargestellt werden, indem man in der q-stufigen Bestandsliste von $\mathcal{A}$ alle Individuen eineindeutig durch Variable ersetzt.

Ist umgekehrt die Darstellung einer Relationsstruktur als Bestandsformel mit Variabeln gegeben, so kann stets eine Relation von dieser Struktur und mit beliebigen, vorgeschriebenem Individuenbereich angegeben werden, indem man in der Bestandsformel für die Variabeln beliebige Gegenstände des Individuenbereichs einsetzt. Das Analoge gilt für Modelle: ist eine q-stufige Modellstruktur durch eine Bestandsliste mit Variablen angegeben, so kann stets ein Modell angegeben werden, das diese Struktur hat und dessen Individuen (inbezug auf die q-te Stufe) einem beliebigen, vorgeschriebenen Gegenstandsbereich angehören, indem man in der Bestandsformel für die Variabeln beliebige Gegenstände des Individuenbereichs einsetzt. Kurz: *ist ein (q-stufiges) Modell gegeben, so kann seine (q-stufige) Struktur angegeben werden; ist eine endliche (q-stufige) Struktur und ein Individuenbereich gegeben, so kann ein (q-stufiges) Modell dazu angegeben werden*. Modellstrukturen bezeichnen wir mit großen griechischen Buchstaben: A, B, Γ, Δ usw.

Beispiel 2.11.1 Wir gehen wieder auf das Beispiel 2.9.1 zurück: $A_1 =_{Df} [3'5, 6'7, 8'9]$; $A_2 =_{Df} [3'7, 9'2]$; $A_3 =_{Df} [2'5]$; $A_4 =_{Df} [3'4, 4'6, 8'9]$; $A_5 =_{Df} [2'7'7, 3'6'9]$; $K =_{Df} [A_1, A_2, A_3, A_4]$. Diese Darstellung von K gibt den Modellbestand von K an, wenn wir A_1, A_2, A_3, A_4 als Individuen ansehen; sehen wir die Zahlen als Individuen an, wie wir es tun müssen, wenn wir K als Wert der Variabeln $Q_{((00))}$, also als zweiwertiges Modell verwenden, so müssen wir in der gegebenen Darstellung von K für die Relationen A_1, A_2, A_3, A_4 ihre Bestände einsetzen:

$$K = [[3'5, 6'7, 8'9], [3'7, 9'2], [2'5], [3'4, 4'6, 8'9]];$$

2.11 Die mehrstufigen Strukturen

dies ist der zweistufige *Bestand* von K. Der angegebene einstufige Bestand von A_5 geht schon auf dieselben Individuen, nämlich die Zahlen zurück, wie der zweistufige Bestand von K. Wie früher führen wir die Modellvariable $\mathcal{R}$ von dritter Stufe ein und setzen $\mathcal{R}_1 =_{Df} [K'A_5]$. Dann ist der dreistufige Bestand von $\mathcal{R}_1$ so darzustellen: $\mathcal{R}_1 = [[[3'5, 6'7, 8'9], [3'7, 9'2], [2'5], [3'4, 4'6, 8'9]]'[2'7'7, 3'6'9]]$.

Durch die Individuensubstitution

$$\frac{12,\ 13,\ 14,\ 15,\ 16,\ 17,\ 18,\ 19}{2,\ \ 3,\ \ 4,\ \ 5,\ \ 6,\ \ 7,\ \ 8,\ \ 9}$$

erhalten wir dann aus dem angegebenen Bestand von $\mathcal{R}_1$ den Bestand des mit $\mathcal{R}_1$ dreistufig isomorphen Modells $[K''A_5']$, das wir wie früher mit $\mathcal{R}_1'$ bezeichnen[9]:

$$\mathcal{R}_1' = [[[13'15, 16'17, 18'19], [13'17, 19'12], [12'15],$$
$$[13'14, 14'16, 18'19]]'[12'17'17, 13'16'19]].$$

Dies Beispiel soll zur Verdeutlichung der folgenden beiden Sachverhalte dienen: 1) geht der q-stufige Bestand von $\mathcal{R}_1'$ aus dem von $\mathcal{R}$ durch Individuensubstitution hervor, so sind $\mathcal{R}_1$ und $\mathcal{R}_1'$ q-stufig isomorph; 2) sind $\mathcal{R}_1$ und $\mathcal{R}_1'$ q-stufig isomorph, so kann der q-stufige Bestand von $\mathcal{R}_1'$ aus dem von $\mathcal{R}_1$ durch Substitution der Individuen hergeleitet werden.

Setzen wir in der Bestandliste für $\mathcal{R}_1$ anstelle von $2, 3, 4, 5, 6, 7, 8, 9$ der Reihe nach die Variabeln s, t, u, v, w, x, y, z, so erhalten wir die *Bestandformel der dreistufigen Struktur* von $\mathcal{R}_1$, die wir mit Γ bezeichnen wollen:

$$\Gamma =_{Df} [[[t'v, w'x, y'z], [t'x, z's], [s'v], [t'u, u'w, y'z]]'[s'x'x, t'w'z]].$$

Die dreistufige Struktur von $\mathcal{R}_1'$ ist ebenfalls Γ.

---

[9][Im Manuskript steht auf der linken Seite irrtümlich $\mathcal{R}_1$ statt $\mathcal{R}_1'$.]

2.12 Formale und materiale Axiome

Wir hatten früher (§ 2.6) die Definition der Begriffe „formal" und „material" nur für Axiome (oder Axiomensysteme) von besonders einfacher Form aufgestellt. Diese Definitionen können jetzt, nach der Definition der mehrstufigen Isomorphie, sinngemäß erweitert werden, sodaß sie auf Axiome oder Axiomensysteme beliebiger Form anwendbar sind. Ein Axiom $f\mathcal{R}$, dessen Modellvariable $\mathcal{R}$ von q−ter Stufe ist, heißt „*formal*", wenn jedes zulässige Modell $\mathcal{A}$, das mit einem Modell $\mathcal{B}$ von f q−stufig isomorph ist, auch Modell von f ist. Daß $f\mathcal{R}$ formal ist, ist demnach in folgender Weise in Formel auszudrücken, wenn wir die Stufenzahl von $\mathcal{R}$ mit q bezeichnen:

$$(\mathcal{P}, \mathcal{Q})[(f\mathcal{P} \& Ism_q(\mathcal{Q}, \mathcal{P})) \to f\mathcal{Q}]$$

Ist $f\mathcal{R}$ nicht formal, so heißt es „*material*"; daß $f\mathcal{R}$ material ist, ist demnach so auszudrücken (wobei wie früher die negierte Allaussage in eine Existenzaussage umgeformt wird):

$$(\exists \mathcal{P}, \mathcal{Q})[Ism_q(\mathcal{P}, \mathcal{Q}) \& f\mathcal{P} \& \overline{f}\mathcal{Q}]$$

In anderer Ausdrucksweise: ein Axiomensystem $f\mathcal{R}$ mit q−stufiger Modellvariabler heißt „*material*", wenn es ein Modell $\mathcal{P}$ und ein Nichtmodell $\mathcal{Q}$ von f gibt, die q−stufig isomorph sind.

$f\mathcal{R}$ sei ein formales Axiomensystem mit q−stufiger Variabler; $\mathcal{A}$ sei ein Modell von f. Dann gehört jedes zu $\mathcal{A}$ q−stufig isomorphe, zulässige Modell zum Umfang von f; die (q−stufige) Isomorphieklasse von $\mathcal{A}$ ist dann also Teilklasse des Umfanges von f. Allgemein: die (q−stufige) Isomorphieklasse jedes Modells eines formalen Axiomensystems (mit q−stufiger Variabler) ist Teilklasse des Umfanges des Axiomensystems. Da verschiedene Isomorphieklassen stets elementfremd sind, so ist der Umfang eines formalen Axiomensystems stets zerlegbar in ganze Isomorphieklassen.

$f\mathcal{R}$ sei ein Axiomensystem mit q−stufiger Variabler; Γ sei eine q−stufige Struktur. Wir wollen dann die folgenden Bezeichnungen einführen: Γ „*gehört zu*" f, wenn es ein Modell von f mit der Struktur Γ gibt; Γ „*gehört vollständig zu*" f, wenn Γ zu f gehört und jedes zulässige Modell von f, das die Struktur Γ hat, Modell von f ist, also kein Nichtmodell von f die Struktur Γ hat; Γ „*gehört unvollständig zu*" f, wenn Γ zu f gehört, aber nicht vollständig zu f gehört, d.h. wenn es ein Modell und ein Nichtmodell von f gibt, die die Struktur Γ haben.

Ist ein Axiomensystem formal, so gehört jede zu ihm gehörende Struktur vollständig zu ihm; und umgekehrt: gehört jede zu einem Axiomensystem gehörende Struktur vollständig zu ihm, so ist es formal. Durch Wendung ergibt sich hieraus: gehört zu einem Axiomensystem eine Struktur unvollständig, so ist es material; und umgekehrt: ist ein Axiomensystem material, so gehört mindestens eine Struktur unvollständig zu ihm. Im übrigen kann eine Struktur zu einem materialen Axiomensystem vollständig oder unvollständig gehören.

3

Monomorphie und Gabelbarkeit

3.1 Die drei Bedeutungen der Vollständigkeit eines Axiomensystems

Die Bezeichnung „Vollständigkeit eines Axiomensystems" wird in verschiedenen Bedeutungen gebraucht. Zunächst ist es wichtig, zu unterscheiden zwischen der Vollständigkeit des Axiomensystems selbst und der „Vollständigkeit" des Systems der Gegenstände, von dem das Axiomensystem spricht. Von diesem letzteren Begriff ist z. B. in dem Hilbertschen „Vollständigkeitsaxiom" die Rede; er soll in einer anderen Untersuchung (über Maximalmodelle und Maximalstrukturen) näher erörtert werden. Hier dagegen handelt es sich um die Vollständigkeit des Axiomensystems selbst. Bei den Versuchen, den *Begriff der Vollständigkeit* eines Axiomensystems zu definieren, sind hauptsächlich *drei verschiedene Wege* eingeschlagen worden. Der Deutlichkeit halber wollen wir die drei Begriffe von vornherein durch drei verschiedene Ausdrücke unterscheiden, noch bevor wir ihre Brauchbarkeit geprüft haben; anstelle des Ausdrucks „vollständig" unterscheiden wir: „*monomorph*", „*nichtgabelbar*", „*entscheidungsdefinit*". Die Möglichkeiten schärfer Definitionen werden nachher ausführlich erörtert; vorläufig mögen die folgenden Andeutungen genügen, um verstehen zu lassen, was gemeint ist: ein Axiomensystem heißt „monomorph", wenn nur eine Struktur zu ihm gehört (§ 2.12); ein Axiomensystem heißt „nichtgabelbar", wenn eine Gabelung (§ 2.5) nicht möglich ist; ein Axiomensystem heißt „entscheidungsdefinit", wenn für jede formale Aussagenfunktion mit denselben Variablen gilt, daß entweder sie selbst oder ihr Negat eine Folgerung des Axiomensystems ist. Unsere Untersuchungen werden zu dem Ergebnis kommen, daß die Begriffe „monomorph" und „nichtgabelbar" gleichbedeutend sind („Gabelbarkeitssatz", § 3.4); auch der Begriff „entscheidungsdefinit" fällt mit den genannten Begriffen zusammen; dagegen wird der Begriff „k-entscheidungsdefinit" als unbrauchbar abgelehnt werden (§ 3.8).[1]

3.2 Monomorphie

Unter „*Strukturzahl*" eines Axiomensystems verstehen wir die Anzahl der zu ihm gehörenden Strukturen. Die Strukturzahl eines leeren Axiomensystems ist 0, die eines erfüllten > 0. Ein Axiomensystem mit der Strukturzahl 1 nennen wir „*monomorph*", mit einer Strukturzahl > 1 „*polymorph*". Die Unterscheidung „monomorph" - „polymorph" bezieht sich somit nur auf erfüllte Axiomensysteme.

Satz 3.2.1 *Daß ein Axiomensystem $f\mathcal{R}$ (mit q–stufiger Variabler) monomorph ist, ist äquivalent mit:*

1. *zu f gehört genau eine Struktur, und zwar eine q–stufige, (nach Definition);*

2. *f ist erfüllt, und je zwei Modelle von f sind q–stufig isomorph:*

$$(\exists) f \& (\mathcal{P}, \mathcal{Q})[(f\mathcal{P} \& f\mathcal{Q}) \to Ism_q(\mathcal{P}, \mathcal{Q})];$$

Dies nehmen wir als Definitionsformel *für die Monomorphie.*

---

[1] *Fraenkel* MENGENL., S. 347f., hat zum ersten Mal die drei Begriffe (noch ohne scharfe Definition) unterschieden und das Problem ihrer gegenseitigen Beziehung erörtert. (Dort auch Literaturangaben.) Seine Ausführungen haben hauptsächlich die Anregung zu den vorliegenden Untersuchungen gegeben. *Weyl* HANDBUCH, S. 20ff., unterscheidet auch den ersten und dritten Begriff (monomorph und entscheidungsdefinit) und lehnt ebenfalls den letzteren ab. Zur *Terminologie:* 1) „monomorph": Veblen „kategorisch", Huntington „hinreichend", Fraenkel und Weyl „vollständig"; 2) „nichtgabelbar"; 3) „entscheidungsdefinit": so Husserl und Becker; Hilbert „vollständig".

3. f ist erfüllt und nicht polymorph (Beweis entsprechend 3.2.2.3).

Satz 3.2.2 *Daß ein Axiomensystem $f\mathcal{R}$ (mit q-stufiger Variabler) polymorph ist, ist äquivalent mit:*

1. *zu f gehört mehr als eine Struktur (und zwar q-stufige Strukturen), (nach Definition);*

2. *es gibt zwei q-stufig nicht-isomorphe Modelle von f:*

$$(\exists \mathcal{P}, \mathcal{Q})[(f\mathcal{P} \& f\mathcal{Q}) \& \overline{Ism_q}(\mathcal{P}, \mathcal{Q})];$$

Dies nehmen wir als Definitionsformel *für die Polymorphie.*

3. *f ist erfüllt und nicht monomorph.*

   Beweis. f sei erfüllt und nicht monomorph:

$$(\exists)f \& \overline{(\mathcal{P}, \mathcal{Q})}[(f\mathcal{P} \& f\mathcal{Q}) \to Ism_q(\mathcal{P}, \mathcal{Q})] \quad (1)$$

$(\sim)$ L23 (§ 1.8): $\qquad (\exists \mathcal{P}, \mathcal{Q})[f\mathcal{P} \& f\mathcal{Q} \& \overline{Ism_q}(\mathcal{P}, \mathcal{Q})] \quad (2)$

Dies bedeutet: f ist polymorph.

Betrachten wir den *Umfang* eines Axiomensystems innerhalb eines bestimmten Typus zulässiger Modelle, also als Klasse einander isotyper Modelle des Axiomensystems, so gelten die folgenden Sätze. Dabei ist der Satz benutzt (§ 2.12), daß der Umfang eines formalen Axiomensystems stets zerlegbar ist in ganze Isomorphieklassen.

Satz 3.2.3 *Daß ein Axiomensystem formal und monomorph ist, ist äquivalent damit, daß sein Umfang aus genau einer Isomorphieklasse besteht.*

Satz 3.2.4 *Daß ein Axiomensystem formal und polymorph ist, ist äquivalent damit, daß sein Umfang zerlegbar ist in mehrere (mindestens zwei) ganze Isomorphieklassen; diese Isomorphieklassen sind einander stets fremd.*

Satz 3.2.5 *Daß ein Axiomensystem* material *und* monomorph *ist, ist äquivalent damit, daß sein Umfang eine echte Teilklasse einer Isomorphieklasse ist.*

Satz 3.2.6 *Daß ein Axiomensystem* material *und* polymorph *ist, ist äquivalent damit, daß sein Umfang zerlegbar ist in mehrere (mindestens zwei) einander fremde Klassen, die Teilklassen von verschiedenen Isomorphieklassen sind, und zwar mindestens eine echte Teilklasse.*

3.3 Gabelbarkeit

Zwei Aussagefunktionen (z. B. Axiome oder Axiomensysteme) $f\mathcal{R}$, $g\mathcal{R}$ heißen „*verträglich*" (mit einander), wenn ihre Konjunktion erfüllt ist: $(\exists)(f\&g)$. (Nach Satz 2.4.9 könnten wir anstatt „erfüllt" gleichbedeutend „widerspruchsfrei" setzen; wir ziehen von den beiden äquivalenten Definitionen die obige vor, um die Sätze über Verträglichkeit unabhängig zu machen von den Bedenken, die zuweilen gegen Satz 2.4.9 erhoben werden; die Bedenken beruhen freilich unserer Ansicht nach auf der Nichtbeachtung unserer Unterscheidung von „erfüllt" und „k-erfüllt").

Zwei Aussagefunktionen f, g heissen „*unverträglich*" (mit einander), wenn ihre Konjunktion widerspruchsvoll ist: $(\exists h)[(f\&g) \to (h\&\bar{h})]$. Die *positiven Kriterien* für „k-verträglich" und „k-unverträglich" bestehen somit in der Aufweisung eines gemeinsamen Modells bezw. einer kontradiktorischen Folgerung aus der Konjunktion.

Satz 3.3.1 *Daß f und g* verträglich *sind, ist äquivalent mit jeder der folgenden Bestimmungen:*

  1. *$f\&g$ ist erfüllt* (laut Definition);

  2. *$f\&g$ ist widerspruchsfrei* (nach Satz 2.4.9);

  3. *$\bar{g}$ ist nicht Folgerung von f.*

    Beweis. $\bar{g}$ sei nicht Folgerung von f :

3.3 Gabelbarkeit

	$\overline{(f \to \bar{g})}$	(1)
($\sim$) L23 (§ 1.8):	$(\exists)(f \& g)$	(2)

Satz 3.3.2 *Sind f und g verträglich, so ist f erfüllt.* (Aus Satz 3.3.1.1.)

Satz 3.3.3 *Daß f und g unverträglich sind, ist äquivalent mit:*

1. *$f \& g$ ist widerspruchsvoll* (laut Definition);

2. *$f \& g$ ist leer* (nach Satz 2.4.5);

3. *f und g sind nicht verträglich* (nach 3.3.3.2, 3.3.1.1);

4. *aus f folgt $\bar{g}$*;

    Beweis. Nach Satz 3b:

	$\overline{(\exists)}(f \& g)$	(1)
($\sim$) L24 (§ 1.8):	$\overline{f \& g}$	(2)
($\sim$) L9:	$f \to \bar{g}$	(3)

5. *aus g folgt $\bar{f}$.* (Durch Wendung aus 3.3.3.4.)

Entsprechend unseren früheren Untersuchungen (§ 2.5) sagen wir, $f\mathcal{R}$ sei „*gabelbar an*" $g\mathcal{R}$, wenn f mit g und mit $\bar{g}$ verträglich ist und g formal ist[2]:

$$(\exists)(f \& g) \& (\exists)(f \& \bar{g}) \& (\mathcal{P}, \mathcal{Q})[(g\mathcal{P} \& Ism_q(\mathcal{Q}, \mathcal{P})) \to g\mathcal{Q}].$$

Das positive Kriterium dafür, daß f an g (k-)gabelbar ist, besteht somit in der Aufweisung eines gemeinsamen Modells für f und g, eines gemeinsamen Modells für f und $\bar{g}$ und eines Beweises für die Formalität von g.

Wir nennen $f\mathcal{R}$ „*gabelbar*", wenn es ein $g\mathcal{R}$ gibt derart, daß f an g gabelbar ist. Das positive Kriterium für die (k-)Gabelbarkeit von f besteht somit in der Aufweisung eines derartigen g.

---

[2] [Im Manuskript steht irrtümlich der Ausdruck für die „Formalität" von f in eckigen Klammern.]

Satz 3.3.4 *Daß $f\mathcal{R}$ an $g\mathcal{R}$ gabelbar ist, ist äquivalent mit:*

1. *g ist formal; sowohl $f\&g$ wie $f\&\bar{g}$ sind erfüllt* (nach 3.3.1.1);

2. *g ist formal; weder g noch $\bar{g}$ ist Folgerung von f* (nach 3.3.1.3).

Ein erfülltes Axiomensystem, das die Eigenschaft „gabelbar" nicht besitzt, wollen wir „*nichtgabelbar*" nennen. (Für leere Axiomensysteme ist es trivial, daß eine Gabelung nicht möglich ist, da es überhaupt keine verträgliche Aussagenfunktion gibt.) Für diese Eigenschaft „nichtgabelbar" haben wir aber zunächst nur das negative Kriterium: es gibt keine Aussagefunktion, an der das Axiomensystem gabelbar wäre. In den folgenden Untersuchungen werden wir ein positives Kriterium dadurch finden, daß wir die Eigenschaft „nichtgabelbar" als äquivalent erkennen mit einer Eigenschaft, für die wir ein positives Kriterium bereits haben, nämlich „monomorph". Die Übereinstimmung dieser beiden Eigenschaften kann aber nicht direkt nachgewiesen werden, sondern nur indirekt; die Negate der beiden Eigenschaften (bezogen auf erfüllte Axiomensysteme), also die Gabelbarkeit und die Polymorphie, werden als äquivalent nachgewiesen („Gabelbarkeitssatz"). Die Problemsituation ist hier ähnlich, wie wir sie früher bei dem Begriff „widerspruchsfrei" hatten (§ 2.4). Dieser sollte das Negat der schon definierten Eigenschaften „widerspruchsvoll" sein; wir hatten für ihn aber zunächst nur ein negatives Kriterium. Es ließ sich dann aber die Äquivalenz der Eigenschaften „leer" und „widerspruchvoll" nachweisen, wodurch sich auch ihre Negate „erfüllt" und „widerspruchsfrei" als äquivalent ergaben. Damit war dann das positive Kriterium der Erfülltheit (Aufweisung eines Modells) auch für den Begriff „widerspruchsfrei" gewonnen.

Bevor wir an den Beweis des Gabelbarkeitssatzes gehen, wollen wir uns seinen Inhalt, also *die Übereinstimmung der Begriffe „polymorph" und „gabelbar"*, in unstrengen Gedankengängen plausibel machen. Diese Gedankengänge sollen uns dann nachher bei der Aufstellung des Beweises leiten.

Angenommen, das Axiomensystem $f\mathcal{R}$ (mit q–stufiger Variabler) sei *polymorph*. Dann besitzt es zwei Modelle, die q-stufig und nichtisomorph sind, etwa $\mathcal{R}_1$ und $\mathcal{R}_2$. Da diese Modelle verschiedene Struktur haben, so muß es eine strukturelle Eigenschaft geben, die dem einen zukommt, dem anderen nicht. Wird diese Eigenschaft etwa durch $g\mathcal{R}$ ausgedrückt, so ist g formal, da ja eine strukturelle Eigenschaft invariant ist gegenüber einer Transformation, die die Struktur unverändert läßt. Kommt nun die Eigenschaft g dem Modell $\mathcal{R}_1$ zu, dem Modell $\mathcal{R}_2$ nicht, so ist $\mathcal{R}_1$ gemeinsames Modell für f und g, $\mathcal{R}_2$ gemeinsames Modell für f und $\bar{g}$. Also sind einerseits f und g verträglich, andererseits auch f und $\bar{g}$. *f ist also gabelbar* an g.

Jetzt *nehmen wir* umgekehrt *an*, f sei *gabelbar*. Dann gibt es ein formales Axiom, etwa g, derart, daß f mit g und auch mit $\bar{g}$ verträglich ist. Das bedeutet: es gibt ein gemeinsames Modell für f und g, etwa $\mathcal{R}_1$, und ein gemeinsames Modell für f und $\bar{g}$, etwa $\mathcal{R}_2$. Wären nun $\mathcal{R}_1$ und $\mathcal{R}_2$ q–stufig isomorph, so würde, da g formal ist, aus $g\mathcal{R}_1$ folgen: $g\mathcal{R}_2$, während doch $\bar{g}\mathcal{R}_2$ gilt. $\mathcal{R}_1$ und $\mathcal{R}_2$ sind also q–stufig nichtisomorph, f besitzt somit zwei Modelle, die q–stufig nichtisomorph sind, *ist also polymorph.*[3]

3.4 Der Gabelbarkeitssatz

Satz 3.4.1 *Erster Teilsatz. Jedes polymorphe Axiomensystem ist gabelbar.*

Beweis 3.4.1 Das Axiomensystem $f\mathcal{R}$ sei polymorph. q bezeichne die Stufenzahl der Modellvariabeln $\mathcal{R}$; die Ausdrücke „Isomorphie", „Struktur" u. dergl. sind im folgenden immer im Sinne von „q–stufiger Isomorphie", „q–stufiger Struktur" usw. zu verstehen. Die Polymorphie bedeutet (nach Satz 3.2.2.2): es gibt zwei Modelle von f, etwa $\mathcal{R}_1$ und $\mathcal{R}_2$, die nicht isomorph sind; es gibt also:

---

[3] Die beiden angegebenen Gedankengänge, die zum Gabelbarkeitssatz führen, sind angedeutet in: Carnap UNEIG., S. 364f. Die Formulierung ist dort aber insofern nicht korrekt, als die notwendige Unterscheidung der beiden Vollständigkeitsbegriffe „entscheidungsdefinit" und „nichtgabelbar" noch nicht vorgenommen wird; es muß dort anstatt „entscheidungsdefinit" richtig heißen „nichtgabelbar".

$$f\mathcal{R}_1 \qquad (1)$$

$$f\mathcal{R}_2 \qquad (2)$$

$$\overline{Ism_q(\mathcal{R}_1, \mathcal{R}_2)} \qquad (3)$$

Unsere Überlegung lautete nun: Da $\mathcal{R}_1$ und $\mathcal{R}_2$ nichtisomorph sind, so muß es eine strukturelle Eigenschaft geben, die dem $\mathcal{R}_1$ zukommt, dem $\mathcal{R}_2$ aber nicht. Die Aufgabe besteht jetzt darin, eine solche Eigenschaft explizit anzugeben, und zwar in so allgemeiner Form, daß sie gemäß dieser Form in jedem konkreten Falle konkret konstruiert werden kann. Die Aufgabe ist einfach zu lösen; wir nehmen die Eigenschaft „die Struktur von $\mathcal{R}_1$ zu besitzen". Diese Eigenschaft kommt sicherlich dem $\mathcal{R}_1$ zu, dem $\mathcal{R}_2$ aber nicht, da ja $\mathcal{R}_2$ nicht isomorph mit $\mathcal{R}_1$ ist. Die genannte Eigenschaft können wir auch so ausdrücken: „isomorph mit $\mathcal{R}_1$ zu sein", als Aussagefunktion: $Ism_q(\mathcal{R}, \mathcal{R}_1)$; diese Aussagefunktion sei mit $g\mathcal{R}$ bezeichnet:

$$g\mathcal{R} =_{Df} Ism_q(\mathcal{R}, \mathcal{R}_1) \qquad (D)$$

Um f und g zu gabeln, müssen wir zunächst nachweisen, daß g formal ist. Gemäß (D) gilt tautologisch:

$$(\mathcal{P}, \mathcal{Q})[g\mathcal{P} \to Ism_q(\mathcal{P}, \mathcal{R}_1)] \qquad (4)$$

($\sim$) (nach Satz 2.8.3:)

$$(\mathcal{P}, \mathcal{Q})[g\mathcal{P} \& Ism_q(\mathcal{Q}, \mathcal{P}) \to Ism_q(\mathcal{Q}, \mathcal{R}_1)] \qquad (5)$$

($\sim$) (nach D)

$$(\mathcal{P}, \mathcal{Q})[g\mathcal{P} \& Ism_q(\mathcal{Q}, \mathcal{P}) \to g\mathcal{Q}] \qquad (6)$$

Dies besagt, daß g formal ist. Nach Satz 2.8.1:

$$Ism_q(\mathcal{R}_1, \mathcal{R}_1)$$

3.4 Der Gabelbarkeitssatz

($\sim$) (nach D)

$$g\mathcal{R}_1 \qquad (7)$$

Aus (3) (nach Satz 2.8.2.):

$$\overline{Ism_q}(\mathcal{R}_2, \mathcal{R}_1);$$

($\sim$) (nach D)

$$\bar{g}\mathcal{R}_2 \qquad (8)$$

Aus (1) und (7):

$$f\mathcal{R}_1 \& g\mathcal{R}_1 \qquad (9)$$

Dies besagt, daß f mit g verträglich ist.
Aus (2) und (8):

$$f\mathcal{R}_2 \& \bar{g}\mathcal{R}_2 \qquad (10)$$

Dies besagt, daß f und $\bar{g}$ verträglich ist. Also ist f an g gabelbar.

Hiermit ist der Beweis in *absolutistischer* Formulierung gegeben (Verwendung von „es gibt"); es ist bewiesen, daß aus „a-polymorph" „a-gabelbar" folgt. Für den *konstruktivistischen* Standpunkt bleibt der Beweis formal derselbe; er ist aber dann so zu interpretieren: Wenn das positive Kriterium für „k-polymorph" durch Aufweisung zweier nichtisomorpher Modelle $\mathcal{R}_1, \mathcal{R}_2$ erfüllt ist, so ist das positive Kriterium für „k-gabelbar" erfüllbar; die Gabelbarkeit von f an der formalen Aussagefunktion $Ism_q(\mathcal{R}_2, \mathcal{R}_1)$ wird erwiesen durch Aufweisung derselben beiden Modelle $\mathcal{R}_1, \mathcal{R}_2$, die zum Beweis der Polymorphie aufgewiesen worden sind. Hiermit ist der folgende Satz erwiesen.

Satz 3.4.2 *Jedes k–polymorphe Axiomensystem ist k-gabelbar.*

Satz 3.4.3 *Zweiter Teilsatz. Jedes gabelbare Axiomensystem ist polymorph.*

Beweis 3.4.3 Das Axiomensystem $f\mathcal{R}$ sei gabelbar. Das bedeutet: es gibt eine Aussagefunktion $g\mathcal{R}$ mit derselben Variabeln derart, daß 1) g formal ist, 2) f mit g verträglich ist, 3) f mit $\bar{g}$ verträglich ist; in Formeln:

$$(\mathcal{P}, \mathcal{Q})[g\mathcal{P} \& Ism_q(\mathcal{P}, \mathcal{Q}) \to g\mathcal{Q}] \qquad (1)$$

$$(\exists \mathcal{G})(f\mathcal{G} \& g\mathcal{G}) \qquad (2)$$

$$(\exists \mathcal{Z})(f\mathcal{Z} \& \bar{g}\mathcal{Z}) \qquad (3)$$

Aus (2) und (3):

$$(\exists \mathcal{G}, \mathcal{Z})(f\mathcal{G} \& f\mathcal{Z} \& g\mathcal{G} \& \bar{g}\mathcal{Z}) \qquad (4)$$

Aus (1) durch Wendung (L17, § 1.8):

$$(\mathcal{P}, \mathcal{Q})[g\mathcal{P} \& \bar{g}\mathcal{Q} \to \overline{Ism_q}(\mathcal{P}, \mathcal{Q})] \qquad (5)$$

Aus (4) und (5) (nach L36):

$$(\exists \mathcal{G}, \mathcal{Z})[f\mathcal{G} \& f\mathcal{Z} \& \overline{Ism_q}(\mathcal{G}, \mathcal{Z})] \qquad (6)$$

Dies besagt: f ist polymorph.

Auch hier ist der Beweis in *absolutistischer* Formulierung gegeben („es gibt ein $g, \mathcal{G}, \mathcal{Z}$"), es ist bewiesen, daß aus a-gabelbar a-polymorph folgt. Für den *konstruktivistischen* Standpunkt müssen wir dem Beweis eine etwas andere Form geben. Voraussetzung: f sei k-gabelbar; das bedeutet (nach Satz 3.3.4.1): es ist eine formale Aussagefunktion g (mit derselben Variabeln) aufweisbar, sowie je ein Modell für $f \& g$ und $f \& \bar{g}$, etwa $\mathcal{R}_1$ und $\mathcal{R}_2$. Somit bleibt (1) bestehen; an die Stelle von (2), (3), (4) treten:

$$f\mathcal{R}_1 \& g\mathcal{R}_1 \qquad (2')$$

$$f\mathcal{R}_2 \& \bar{g}\mathcal{R}_2 \qquad (3')$$

$$f\mathcal{R}_1 \& f\mathcal{R}_2 \& g\mathcal{R}_1 \& \bar{g}\mathcal{R}_2 \qquad (4')$$

Aus (1) folgt, wie vorher, (5); aus (4') und (5) (nach L32):

$$f\mathcal{R}_1 \& f\mathcal{R}_2 \& \overline{Ism_q}(\mathcal{R}_1, \mathcal{R}_2) \qquad (6')$$

Hiermit ist f als k-polymorph erwiesen, da nicht nur eine bloße Existenzaussage abgeleitet wird, sondern zwei nicht-isomorphe Modelle genannt werden. Damit ist der Satz bewiesen: aus k-gabelbar folgt k-polymorph; genauer: sobald die Gabelbarkeit eines Axiomensystem konstruktiv, nämlich durch Aufweisung des gabelnden Axioms und der beiden die Verträglichkeit zeigenden Modelle, erwiesen ist, kann die Polymorphie dieses Axiomensystems konstruktiv erwiesen werden, nämlich durch Hinweis auf dieselben beiden Modelle, die als nicht-isomorphe Modelle des Axiomensystems nachgewiesen werden. Also:

Satz 3.4.4 *Jedes k-gabelbare Axiomensystem ist k-polymorph.*

Satz 3.4.5 *(Gabelbarkeitssatz). Die Begriffe „polymorph" und „gabelbar" sind äquivalent.*
(Aus Satz 3.4.1 und 3.4.3.)

Es handelt sich also nur um zwei verschiedene Formulierungen der Definition desselben Begriffs.

Satz 3.4.6 *Die Begriffe „k-polymorph" und „k-gabelbar" sind äquivalent.*
(Aus Satz 3.4.2 und g4.4.)

Satz 3.4.7 *Ist ein Axiomensystem f polymorph oder (was nach Satz 3.4.5 dasselbe bedeutet) gabelbar, so gilt:*

   1. es gibt zwei nicht isomorphe Modelle von f (nach Satz 3.2.2.2);

2. *f ist erfüllt* (nach Satz 3.2.2.3);

3. *f ist nicht monomorph* (nach Satz 3.2.2.3);

4. *es gibt eine formale Aussagefunktion g, sodaß f&g und f&ḡ erfüllt sind* (nach Satz 3.3.4.1).

Satz 3.4.8 *Jedes monomorphe Axiomensystem ist nichtgabelbar.*

Beweis 3.4.8 *f* sei monomorph. Dann ist *f* (nach Satz 3.2.1.3) erfüllt und nicht polymorph. Daher kann *f* nicht gabelbar sein, da es sonst nach Satz 3.4.3. polymorph sein müßte. Also ist *f* erfüllt und nicht gabelbar, daher (nach Definition 3.3) nichtgabelbar.

Satz 3.4.9 *Jedes nichtgabelbare Axiomensystem ist monomorph.*

Beweis 3.4.9 *f* sei nichtgabelbar, d.h. (nach Definition, § 3.3) erfüllt und nicht gabelbar. *f* kann nicht polymorph sein, da es sonst nach Satz 3.4.1. gabelbar sein müßte. Also ist *f* erfüllt und nicht polymorph, daher (nach Satz 3.2.1.3) monomorph.

Satz 3.4.10 *Die Begriffe „monomorph" und „nichtgabelbar" sind äquivalent.*
(Aus Satz 3.4.8 und 3.4.9.)

Als Definitionsformel für „nichtgabelbar" verwenden wir daher zweckmäßigerweise nicht die negative Formel, die die Nichtexistenz einer gabelnden Aussagefunktion besagt, sondern die positive Formulierung der Monomorphie: Erfülltheit und Isomorphie je zweier Modelle. Damit ergibt sich dann als das gesuchte *positive Kriterium für „k-nichtgabelbar"* dasselbe wie für „k-monomorph", nämlich die Aufweisung eines Modells und der Nachweis der Isomorphie je zweier Modelle (z. B. Angabe eines Verfahrens zur Konstruktion der Korrelatoren).

Satz 3.4.11 *Die Begriffe „k-monomorph" und „k-nichtgabelbar" sind äquivalent.*

Satz 3.4.12 *Ist ein Axiomensystem f monomorph oder (was dasselbe bedeutet) nichtgabelbar, so gilt:*

1. *je zwei Modelle von f sind isomorph;*
2. *f ist erfüllt (nach Satz 3.2.1.2);*
3. *f ist nicht polymorph (nach Satz 3.2.1.3);*
4. *f ist nicht gabelbar.*

3.5 Anwendungen: Nichtgabelbarkeit der Arithmetik und der euklidischen Geometrie

Als *Anwendungsbeispiel* des Gabelbarkeitssatzes betrachten wir das *Peanosche Axiomensystem der natürlichen Zahlen* in der von Russell gegebenen, vereinfachten Form[4]. Einziger Grundbegriff: die Relation „Vorgänger", die wir mit V bezeichnen wollen; das Axiomensystem werde als Aussagefunktion kurz mit $Pe(V)$ bezeichnet. V ist von erster Stufe; daher ist hier der gewöhnliche, einstufige Isomorphiebegriff anwendbar. Das Axiomensystem lautet:

1. V ist eineindeutig,
2. V hat genau ein Anfangsglied,
3. V hat kein Endglied,
4. („Prinzip der vollständigen Induktion"): wenn V genau ein Anfangsglied hat, so ist von diesem aus jedes V-Glied in endlich vielen Schritten erreichbar. Genauere Formulierung (ohne Verwendung des Endlichkeitsbegriffes): Wenn V genau ein Anfangsglied hat, so kommen alle V-erblichen Eigenschaften des Anfangsgliedes jedem V-Gliede zu. (Die Eigenschaft hx heißt „V-erblich", wenn aus hx und $V(x,y)$ stets hy folgt.)

---
[4]Russell MATH.PHIL. S. 8; PRINC.MATH. Band II, § 122; Carnap LOGISTIK §32b.

In der Relationstheorie wird gezeigt, (worauf hier nicht näher eingegangen werden kann), daß eine Relation, die die vier genannten Eigenschaften hat, einer Relationsart angehört, die man als „Progression" bezeichnet; die Eigenschaft, eine Progression zu sein, möge bezeichnet werden durch $Prog(R)$. Dann ist also nachweisbar (Vgl. Anm. 1)[5]:

$$(R)[Pe(R) \to Prog(R)] \qquad (1)$$

Ferner hat Russell nachgewiesen, daß zwei Progressionen stets isomorph sind[6]:

$$(P,Q)[(Prog(P)\&Prog(Q)) \to Ism(P,Q)] \qquad (2)$$

Aus (1) und (2) (nach L31, L18, § 1.8):

$$(P,Q)[(Pe(P)\&Pe(Q)) \to Ism(P,Q)] \qquad (3)$$

Das bedeutet: das Peanosche Axiomensystem ist *monomorph*. Also ist es nach den vorangehenden Erörterungen *nichtgabelbar*; denn wenn es gabelbar wäre, so müßte es nach dem zweiten Teil des Gabelbarkeitssatzes polymorph sein. *Es ist also nicht möglich, die Arithmetik der natürlichen Zahlen zu gabeln,* etwa an einem der bisher unentschiedenen Sätze, z. B. dem Fermatschen oder dem Goldbachschen Satz. Damit ist gesagt: das Peanosche Axiomensystem ist nicht sowohl mit dem Fermatschen Satz wie mit seinem Negat verträglich.[7] Bilden wir aus dem Peanoschen Axiomensystem durch Hinzufügung einerseits des Fermatschen Satzes, andererseits seines Negates zwei neue Axiomensysteme, so besagt die Behauptung: nicht beide Axiomensysteme sind widerspruchsfrei. Damit ist nicht gesagt: mindestens für eines der beiden Axiomensysteme ist eine kontradiktorische Folgerung nachweisbar; sondern nur folgendes: 1) absolutistisch: für höchstens eines der beiden Axiomensysteme gibt es ein Modell; mindestens eines ist leer und daher

---

[5][Gemeint ist wohl die vorhergehende Fußnote.]
[6]Russell PRINC.MATH. III, 263'16; Carnap LOGISTIK L26'42.
[7][Gestrichen:] Gemäß unserer konstruktivistischen Auffassung ist der Sinn dieser Behauptung der folgende.

widerspruchsvoll (nicht: „k-widerspruchsvoll"!); 2) konstruktivistisch: es ist mit Sicherheit ausgeschlossen, daß man beide Axiomensysteme durch Aufweisung je eines Modells als erfüllt erweist oder daß man für jedes der beiden Axiomensysteme einen Beweis der Widerspruchsfreiheit erbringt; sobald nämlich die Widerspruchsfreiheit des einen nachgewiesen ist, kann für das andere ein Widerspruch aufgewiesen werden.

Bekanntlich können die gerichteten (positiven und negativen), die rationalen, die reellen und die komplexen Zahlen derart auf Grund der natürlichen Zahlen (also z. B. mit bloßer Benutzung der Grundrelation V des Peanoschen Axiomensystems) definiert werden, daß ihre arithmetischen Eigenschaften aus den Axiomen der natürlichen Zahlen (z. B. aus dem genannten Peanoschen Axiomensystem) ohne Zuhilfenahme neuer Axiome abgeleitet werden können. Daher ist mit dem obigen Beweis auch erwiesen, daß *die gesamte Arithmetik nicht gegabelt werden kann* (soweit sie die vorhin genannten Zahlenarten betrifft). Was oben z. B. vom Fermatschen Satz gesagt worden ist, gilt daher ebenso von jeder anderen nicht entschiedenen Frage der Arithmetik, z. B. der Frage, ob π^π transzendent sei.

Zweites Anwendungsbeispiel für den Gabelbarkeitssatz: das Hilbertsche Axiomensystem der *euklidischen Geometrie*. Jedes Modell dieses Axiomensystems läßt sich eineindeutig abbilden auf das bekannte Modell, bei dem die Tripel reeller Zahlen als Punkte genommen und die übrigen Grundbegriffe entsprechend interpretiert werden[8]. Dabei entspricht die Art der Abbildung den Bedingungen unserer Definition der mehrstufigen Isomorphie, die Grundrelationen des genannten Axiomensystems sind nämlich alle von erster Stufe (Punkte, Gerade, Ebenen: t1; Inzidenz: t(00); Zwischen: t(000); Streckenkongruenz, Winkelkongruenz: t(0000)), also die Modellvariable des Axiomensystems von zweiter Stufe. Daher genügt für den Nachweis der zweistufigen Isomorphie der Modelle die Anwendung des gewöhnlichen einstufigen Isomorphiebegriffs auf die Grundrelationen. Durch den genannten Nachweis ist somit (in unserer Terminologie) die *Monomorphie* des Axiomensystems erwiesen.

---

[8]Hilbert GEOM. S. 26.

Hieraus folgt dann, gemäß den vorstehenden Untersuchungen, daß *das Axiomensystem der euklidischen Geometrie nicht mehr gegabelt werden kann*. Denn aus der Gabelbarkeit würde nach dem zweiten Teil des Gabelbarkeitssatzes die Polymorphie folgen. Für die Deutung dieser Behauptung vom absolutistischen wie vom konstruktivistischen Gesichtspunkt gilt genau Entsprechendes wie vorhin inbezug auf die Nichtgabelbarkeit der Arithmetik.

Daß die euklidische Geometrie nicht mehr gegabelt werden kann, entspricht auch wohl der gegenwärtigen Ansicht der meisten Mathematiker, während die Frage der Gabelbarkeit der Arithmetik zuweilen noch als ungelöst angesehen wird. Die verschiedene Stellungnahme in den beiden Fragen ist verwunderlich, da ja in den beiden Fällen genau die gleiche logische Problemsituation vorliegt; ja, die Situation ist im Falle der Arithmetik infolge der bedeutend einfacheren Modellstruktur noch leichter zu durchschauen.

3.6 Versuch einer Definition des Begriffs „entscheidungsdefinit"

Wir hatten (§ 3.1) als dritte Möglichkeit, einen Vollständigkeitsbegriff für Axiomensysteme zu definieren, einen Begriff angedeutet, den wir mit dem Ausdruck „*entscheidungsdefinit*" bezeichnen wollen. Mit diesem Begriff pflegt man etwa Folgendes zu meinen (wobei wir, um ihn in unserer Sprache auszudrücken, beachten müssen, daß bei uns die Axiome und die Folgerungen nicht Aussagen, sondern Aussagefunktionen sind): ein Axiomensystem soll „entscheidungsdefinit" genannt werden, wenn jede Aussagefunktion mit denselben Grundbegriffen (Variabeln) entweder selbst eine Folgerung des Axiomensystems ist, oder ihr Negat eine Folgerung ist. In dieser oder ähnlicher Weise pflegt die Definition formuliert zu werden.[9] Für den entsprechenden k-Begriff würde das

---

[9][Gestrichen:] Bevor wir den Inhalt dieser Definition kritisch betrachten, werden wir von unserem konstruktivistischen Standpunkt aus diese Formulierung zunächst dahin präzisieren müssen, daß wir als positives Kriterium eine Ableitungsmethode verlangen.

3.6 Versuch einer Definition des Begriffs „entscheidungsdefinit" 143

positive Kriterium in der Angabe einer Ableitungsmethode bestehen, die für jede vorgelegte Aussagefunktion in endlich vielen Schritten zur Entscheidung führt, nämlich entweder zur Ableitung der Aussagefunktion oder zur Ableitung ihres Negates. Es müßte also etwa so formuliert werden: ein Axiomensystem $f\mathcal{R}$ soll „k-entscheidungsdefinit" heißen, wenn ein Verfahren angegeben werden kann, nach dem für jede Aussagefunktion $g\mathcal{R}$ (mit derselben Variabeln) in endlich vielen Schritten entweder g oder $\bar{g}$ als Folgerung von f nachweisbar ist.

Eine genauere Überlegung lehrt nun[10], daß an der angegebenen Formulierung der Definition noch Ergänzungen angebracht werden müssen. Zunächst ist es zweckmäßig, die Voraussetzung hinzuzufügen, daß f ein erfülltes Axiomensystem ist. Denn für ein leeres Axiomensystem wird die Anwendung der Definition trivial; wenn wir nämlich für die (nicht eindeutigen) Worte „entweder g oder $\bar{g}$" genauer einsetzen: „von g und $\bar{g}$ mindestens eines", so erfüllt *kein* leeres Axiomensystem die Definition; beides aus dem Grunde, weil bei einem leeren Axiomensystem jede Aussagefunktion (derselben Variabeln) Folgerung ist (nach L25, § 1.8). Zweitens sollte die Definition die Entscheidbarkeit nicht für alle, sondern nur für formale Aussagenfunktionen verlangen. Denn für *jedes* (erfüllte) Axiomensystem f (genauer: für jedes formale, und abgesehen von den trivialen „einwertigen" Fällen, auch für jedes materiale, erfüllte Axiomensystem) läßt sich (wie wir früher gesehen haben, § 2.5) eine *materiale* Aussagefunktion[11] g angeben derart, daß f mit g und mit $\bar{g}$ verträglich ist, sodaß weder g noch $\bar{g}$ Folgerung von f ist (Satz 3.3.1.3). Wird also die genannte Ergänzung nicht hinzugefügt, so wird die Definition trivial, da sie von keinem Axiomensystem befriedigt wird.

Die *Definition* sollte also so lauten:

Definition 3.6.1 *Ein erfülltes Axiomensystem f wird „entscheidungsdefinit" genannt, wenn für jede formale Aussagefunktion g (mit derselben Variabeln) entweder g oder $\bar{g}$ Folgerung von f ist; entspre-*

---

[10][Gestrichen:] Nach dieser Präzisierung vom konstruktivistischen Standpunkt aus bemerken wir weiter, daß auch noch inhaltliche Ergänzungen angebracht werden müssen.

[11][Neun Zeilen wurden von Carnap gestrichen und durch das Folgende ersetzt.]

chend „k-entscheidungsdefinit", wenn ein Verfahren angegeben werden kann, durch das in jedem Falle die Folgerung nachweisbar ist.

Der so definierte Begriff „entscheidungsdefinit" fällt nun mit dem Begriff „nichtgabelbar" zusammen:

Satz 3.6.1 *Die Begriffe „entscheidungsdefinit" und „nichtgabelbar" sind äquivalent.*

Beweis 3.6.1 f sei nicht gabelbar. Das bedeutet (nach Satz 3.3.4.2): f ist erfüllt; es gibt kein formales g, bei dem weder g noch $\bar{g}$ Folgerung von f wäre. Mit anderen Worten: bei jedem formalen g ist entweder g oder $\bar{g}$ Folgerung von f. Dies besagt: f ist entscheidungsdefinit.

In Formeln (zur Abkürzung: $For(g)$ für „g ist formal"): f sei nichtgabelbar: (nach Satz 3.3.4.2) $(\exists)f \& \overline{(\exists g)[For(g) \& \overline{(f \to g)} \& \overline{(f \to \bar{g})}]}$

(1)

$\sim$ L24 (§ 1.8): $(\exists)f \& (g)\overline{[For(g) \& \overline{(f \to g)} \& \overline{(f \to \bar{g})}]}$ (2)

$\sim$ L9: $(\exists)f \& (g)[For(g) \to \overline{(\overline{(f \to g)} \& \overline{(f \to \bar{g})})}]$ (3)

$\sim$ L8: $(\exists)f \& (g)[For(g) \to ((f \to g) \vee (f \to \bar{g}))]$ (4)

Dies besagt: f ist entscheidungsdefinit.

Satz 3.6.2 *Die drei Vollständigkeitsbegriffe „monomorph", „nichtgabelbar", „entscheidungsdefinit" sind äquivalent.*
(Aus Satz 3.6.1 und Satz 3.4.10.)

Der vorhin angegebene Begriff „k-entscheidungsdefinit" fällt jedoch nicht mit „k-monomorph" und „k-nichtgabelbar" zusammen. Es können nämlich zu demselben a-Begriff mehrere k-Begriffe gehören, da es unter Umständen mehrere Möglichkeiten gibt, aus der Formel des a-Begriffs ein positives Kriterium zu entnehmen, das als Definition des k-Begriffs dienen kann. Für den Begriff „k-nichtgabelbar" hatten wir zunächst kein positives Kriterium. Die Definition für „nichtgabelbar" besagt: f ist erfüllt und es gibt kein gabelndes formales g. Den zweiten, negativen Teil dieser Definition hätte man in verschiedener Weise positiv wenden und ein positives Kriterium daraus entnehmen können. Z.B. „es muß der generelle Beweis dafür vorgelegt werden, daß jedes g, bei dem f mit g und $\bar{g}$ verträglich ist, material ist"; oder „es muß ein Verfahren angegeben werden, nach dem für jedes formale g entweder für $f \& g$ oder für $f \& \bar{g}$ eine kontradiktorische Folgerung konstruiert werden kann". Wir haben es aber vorgezogen, für „k-nichtgabelbar" dasselbe positive Kriterium zu nehmen wie für „k-monomorph", also (außer der Aufweisung eines Modells) die Vorlegung eines generellen Beweises für die Isomorphie je zweier Modelle.

Da die Begriffe „entscheidungsdefinit" und „monomorph" äquivalent sind, könnten wir dasselbe Kriterium auch für „k-entscheidungsdefinit" wählen. Wollen wir aber in Einklang mit dem Sprachgebrauch bleiben, so müssen wir das angegebene positive Kriterium unmittelbar der angegebenen Definition von „entscheidungsdefinit" entnehmen; wir haben dann zu *definieren*:

Definition 3.6.2 *f heißt „k-entscheidungsdefinit", wenn ein Modell von f aufgewiesen und ein Verfahren angegeben werden kann, nach dem bei jedem vorgelegten formalen g (mit derselben Variabeln) entweder der Beweis für $f \to g$ oder der Beweis für $f \to \bar{g}$ in endlich vielen Schritten geführt werden kann.*

Dieser Begriff ist es, der gewöhnlich gemeint wird. Dieses Kriterium verlangt mehr als das Kriterium für $k - monomorph$. Das letztere kann gegenwärtig für viele Axiomensysteme befriedigt werden; das erstere dagegen kann man, wie wir sehen werden, gegenwärtig noch nicht (und vielleicht sogar nie) für irgend ein Axiomensystem befriedigen.[12]

---

[12][Gestrichen:] M.a.W.: jedes entscheidungsdefinite Axiomensystem ist nichtgabelbar. Ob aber auch umgekehrt jedes nichtgabelbare Axiomensystem entscheidungsdefinit ist, ist damit noch nicht gesagt. Wir müssen untersuchen, welche Beschaffenheit ein Axiomensystem haben muß, damit es die angegebene Definition erfüllt, damit wir also ein Entscheidungsverfahren inbezug auf das Axiomensystem aufstellen können, das in jedem Falle in endlich vielen Schritten zur Entscheidung führt.

3.7 Das Entscheidungsproblem der Logik

Um das Problem des Begriffs „k-entscheidungsdefinit" zu klären, müssen wir zwei verschiedene Fälle getrennt behandeln, zwei Situationen, in denen sich die Logik befinden kann.

Wir wollen zunächst einmal die *Annahme* machen, *das Entscheidungsproblem der Logik sei schon gelöst,* d.h. wir seien (was wenigstens gegenwärtig nicht der Fall ist) im Besitz eines Verfahrens, durch das jede vorgelegte rein logische Aussage als wahr oder falsch nachgewiesen werden könnte. (Wir sagen nicht, die Logik sei „entscheidungsdefinit", da wir diesen Ausdruck ja auf Axiomensysteme anwenden wollen, die Logik aber kein Axiomensystem im Sinne unserer Theorie ist, vgl. § 1.3).[13] *In diesem Falle ist jedes monomorphe Axiomensystem k-entscheidungsdefinit.* Angenommen etwa, f sei monomorph; dann ist f erfüllt und nichtgabelbar. Ist g irgend eine formale Aussagefunktion mit derselben Variabeln, so gilt von den beiden Aussagen $f \to g$ und $f \to \bar{g}$ genau eine. Denn wenn beide gelten würden, so wäre f (nach § 1.8, L21) widerspruchsvoll, also leer. Und wenn keine von beiden gelten würde, so wäre f (nach Satz 3.3.4.2) an g gabelbar. Da nun beides rein logische Aussagen sind, so setzt uns das jetzt als bekannt angenommene Entscheidungsverfahren in den Stand, diejenige von ihnen, die gilt, als wahr nachzuweisen. Wir haben somit ein Verfahren, um für jedes vorgelegte g $f \to g$ oder $f \to \bar{g}$ zu beweisen; also ist f k-entscheidungsdefinit.[14]

Wäre die gemachte Annahme der Entscheidbarkeit der Logik erfüllt, so wäre der Begriff „k-entscheidungsdefinit" zwar sinnvoll und nicht trivial, aber doch nicht von besonderer Wichtigkeit, da er mit den schon erörterten Begriffen „k-nichtgabelbar" und „k-monomorph" zusammenfallen würde. Eine (mit der Definition doch wohl beabsichtigte) neue Einteilung der Axiomensysteme in zwei verschiedene Arten wäre also nicht erreicht.

---

[13] [Fünf Zeilen wurden hier von Carnap gestrichen und durch das Folgende ersetzt.]

[14] [Sechs Zeilen am Ende dieses und vor dem folgenden Paragraphen wurden von Carnap gestrichen.]

3.8 Kein Axiomensystem ist k-entscheidungsdefinit

Die für unsere letzte Überlegung gemachte Annahme ist jedoch nicht verwirklicht: *das Entscheidungsproblem der Logik ist noch nicht gelöst.* (Es wird sogar mitunter, z. B. von Weyl[15], bezweifelt, daß es jemals gelöst werden wird). Und solange die Logik sich in dieser Situation befindet, ist *der definierte Begriff „k-entscheidungsdefinit" leer* und trivial: es gibt überhaupt kein Axiomensystem, das die Definition erfüllt. Es läßt sich nämlich, solange es unentschiedene logische Aussagen gibt, für jedes erfüllte Axiomensystem f eine formale Aussagefunktion g angeben, für die man (zur Zeit) weder $f \to g$ noch $f \to \bar{g}$ beweisen kann. f sei ein beliebiges erfülltes Axiomensystem:

$$(\exists)f \tag{1}$$

Wir wählen ein beliebiges h, das formal und Folgerung von f ist (z. B. f selbst, falls f formal ist, oder eine beliebige tautologische Aussagefunktion derselben Variabeln, die ja (nach L27) Folgerung von f ist):

$$h \text{ ist formal} \tag{2}$$

$$f \to h \tag{3}$$

Ferner wählen wir eine beliebige, gegenwärtig unentschiedene logische Aussage, die wir mit r bezeichnen. (Wir werden später als Beispiel den Fermatschen Satz nehmen). Die Konjunktion einer Aussagefunktion und einer Aussage ist wieder eine Aussagefunktion; wir setzen:

$$g\mathcal{R} =_{Df} h\mathcal{R} \& r \tag{D}$$

Dann ist auch g formal, wie man durch Einsetzen in die Definition der Formalität mit Hilfe von L40 leicht erkennt. Wegen (1) und (3) hat $f \to g$, also $(\mathcal{R})[f\mathcal{R} \to (h\mathcal{R}\&r)]$, denselben Wahrheitswert wie

---

[15] *Weyl* HANDBUCH S. 20.

r; es ist wahr, wenn r wahr ist, falsch, wenn r falsch ist. $f \to g$ ist also nur eine andere Schreibweise für r, daher im Falle einer solchen logischen Aussage r deren Bestätigung oder Widerlegung bisher den Bemühungen der Logiker getrotzt hat, selbst noch unentschieden.

$f \to \bar{g}$ bedeutet

$$(\mathcal{R})[f\mathcal{R} \to \overline{(h\mathcal{R}\&r)}]$$

oder (nach L8)

$$(\mathcal{R})[f\mathcal{R} \to (\overline{h\mathcal{R}} \vee \bar{r})].$$

Diese Aussage ist, da nach (1) und (3) $f \to \bar{h}$ falsch ist, nur wahr, wenn $\bar{r}$ wahr, also r falsch ist; dagegen falsch, wenn $\bar{r}$ falsch, also r wahr ist; also unentschieden in unserem Falle eines bisher noch nicht entschiedenen r.

Da wir mit Hilfe der unentschiedenen Aussage r ein formales g konstruiert haben derart, daß sowohl $f \to g$ als auch $f \to \bar{g}$ unentschieden ist, so ist auch f nicht k-entscheidungsdefinit. Da wir f als beliebiges erfülltes Axiomensystem angenommen hatten, so ist hiermit gezeigt, daß *es überhaupt kein k-entscheidungsdefinites Axiomensystem gibt,* solange es unentschiedene logische Aussagen gibt, solange also das Entscheidungsproblem der Logik noch nicht gelöst ist.

Man möchte vielleicht *einwenden,* die Aussagefunktion „$h\mathcal{R}\&r$" sei von besonderer Art; man könne die Definition von „k-entscheidungsdefinit" so formulieren, daß diese Form der Konjunktion mit einer rein logischen Aussage dadurch ausgeschlossen würde. Demgegenüber ist daran zu erinnern, daß die Konjunktionsform einer Aussagefunktion eine unwesentliche Eigenschaft ist (§ 2.3); m. a. W.: man kann die im einzelnen Fall konstruierte Aussagefunktion in eine äquivalente verwandeln, die nicht mehr die Form einer Konjunktion hat, für die aber wegen der Äquivalenz die Unentschiedenheit bestehen bleibt. Ein Einwand von der angedeuteten oder einer ähnlichen Art kann aber erst dann genau geprüft werden, wenn die gewünschte Änderung der Definition von „k-entscheidungsdefinit" genau angegeben wird.

3.8 Kein Axiomensystem ist k-entscheidungsdefinit 149

In unserer Untersuchung des Begriffs der Entscheidungsdefinitheit treten die *Konsequenzen unserer Grundauffassung* besonders deutlich hervor. Die Grundauffassung besagt: ein Axiomensystem und ebenso auch eine Folgerung des Axiomensystems sind Aussagefunktionen; nur die generelle Implikation dieser beiden Funktionen ist eine Aussage, und diese „Implikationsaussage" ist es, die bei der Ableitung der Folgerung bewiesen wird. Diese Implikationsaussage ist eine rein logische Aussage. Daher werden durch die verschiedenen Axiomensysteme *nicht einzelne Gebiete* abgetrennt, sondern jede Ableitung irgend einer Folgerung irgend eines Axiomensystems vollzieht sich in dem *einen Gebiet der Logik*. Das ist der tiefere Grund dafür, weshalb es nicht, wie die frühere Auffassung annahm, ein besonderes Entscheidungsproblem für jedes einzelne Axiomensystem gibt; *es gibt nur ein Entscheidungsproblem: das der Logik.*

Durch den Hinweis auf unsere Grundauffassung erledigt sich auch ein *Bedenken*, das man etwa gegen die Zusammenfassung der Konjunktion „$h\mathcal{R}\&r$" aus scheinbar zusammenhanglosen und heterogenen Bestandteilen haben mag; ist es zulässig, ein Axiom über die Grundbegriffe des Axiomensystems zusammenzustellen mit einer rein logischen Aussage? Das Bedenken fällt fort, sobald man erkennt, daß ein Axiom nicht eine Aussage über Gegenstände eines besonderen Gebietes ist, sondern (da wir ja stets Axiome ohne Fremdbegriff voraussetzen, § 13) eine rein logische Aussagefunktion. In $h\mathcal{R}$ kommen (außer Variabeln) nur logische Konstanten vor, ebenso in r; diese beiden Formeln sind also nicht heterogen und zusammenhanglos, denn alle Formeln der Logik stehen in Zusammenhang mit einander.

Es wird zuweilen eine Auffassung vertreten, die mit der dargelegten darin übereinstimmt, daß der Begriff „k-entscheidungsdefinit" für Axiomensysteme unbrauchbar sei; als Grund hierfür wird angegeben, daß die in der Mathematik behandelten Axiomensysteme durchweg unendliche Strukturen (Strukturen von Modellen mit unendlicher Anzahl der unmittelbaren und mittelbaren Glieder) besitzen und daher nicht k-entscheidungsdefinit sein können[16]. Der hiermit genannte Sachverhalt besteht sicherlich. Es sei aber ausdrücklich betont, daß dasselbe

---

[16] *Fraenkel* MENGENLEHRE S. 352; *Weyl* HANDBUCH S. 20f.

für *jedes* Axiomensystem überhaupt gilt, auch für *ein monomorphes mit endlicher Struktur*. Daher wollen wir ein solches Axiomensystem als *Beispiel* wählen, um die Möglichkeit der Konstruktion einer unentschiedenen Aussagefunktion zu zeigen.

Beispiel 3.8.1 Wir betrachten das folgende *endliche*Axiomensystem, das wir abkürzend mit $f\mathcal{P}$ bezeichnen wollen: 1) P hat 3 Glieder, 2) die Relation P besteht in allen, auch den identischen, Gliederpaaren. Sind a, b, c drei beliebige isotype Gegenstände (der Grunddisziplin, z. B. drei Zahlen), so ist die Relation $A =_{Df} [a'a, a'b, a'c, b'a, b'b, b'c, c'a, c'b, c'c]$ ein Modell von f. Alle anderen Modelle haben die gleiche Struktur, also ist f monomorph; jedes zulässige Modell von dieser Struktur ist Modell von f, also ist f formal. f ist *endlich und monomorph, also nichtgabelbar*. Trotzdem läßt sich *eine unentschiedene Aussagefunktion* $g\mathcal{P}$ in der vorher erörterten Weise konstruieren. Wir suchen eine formale Aussagenfunktion auf, die Folgerung von $f\mathcal{P}$ ist, etwa das erste Axiom „P hat 3 Glieder"; wir bezeichnen sie mit $h\mathcal{P}$.

Wir wählen nun einen (gegenwärtigen) unentschiedenen Satz der Logik, und zwar einen ganz beliebigen, ohne Rücksicht auf unser Axiomensystem. Nehmen wir als *Beispiel* den *Fermatschen Satz*. Es ist hier zu beachten, daß dieser Satz in zwei logisch ganz verschiedenen Formen ausgesprochen werden kann. Entweder auf Grund eines Axiomensystems der Arithmetik, z. B.: des Peanoschen $Pe(R)$ der natürlichen Zahlen (in dieser Deutung ist der Fermatsche Satz früher schon beiläufig erwähnt worden, § 3.5); in diesem Falle hat er die Form einer *Aussagefunktion* mit der Variabeln R des Axiomensystems: „es gibt unter den R-Gliedern kein Fermatsches Zahlenquadrupel"; diese Ausagenfunktion sei mit $Fe(R)$ bezeichnet. (Die natürlichen Zahlen x, y, z, u bilden ein Fermatsches Zahlenquadrupel, wenn $x > 0, y > 0, z > 0, u > 2$,

$$x^u + y^u = z^u;$$

dieser Begriff setzt somit die arithmetischen Operationen als definiert voraus; sie können, wie Peano gezeigt hat, leicht aus dem Grundbegriff seines Axiomensystems definiert werden.) Wenn es gelingt, den

3.8 Kein Axiomensystem ist k-entscheidungsdefinit

Fermatschen Satz zu beweisen, so bedeutet das bei dieser Interpretation: es ist bewiesen, daß $Fe(R)$ eine Folgerung von $Pe(R)$ ist; d.h. in Formel:

$$(R)[Pe(R) \to Fe(R)].$$

Andererseits gibt es eine Interpretation des Fermatschen Satzes, bei der er nicht eine Aussagefunktion, sondern eine *Aussage* ist, die wir abkürzend mit „fer" bezeichnen wollen, und zwar eine Aussage der Logik, genauer: der Relationstheorie. Er ist dann etwa so auszusprechen: „keine Progression hat ein Fermatsches Gliederquadrupel"; dabei sind der Begriff der Progression (vgl. § 3.5) und ebenso die zur Definition des Fermatschen Gliederquadrupels erforderlichen Begriffe rein relationstheoretische Begriffe. Im Grunde sind freilich die beiden angegebenen Interpretationen gleichbedeutend, der Unterschied liegt nur in der Sprechweise. Das zeigt sich in der Übereinstimmung des Formelausdrucks. Denn wenn wir wie früher den Begriff der Progression durch $Prog(R)$ ausdrücken, so lautet der Formelausdruck für *fer*:

$$(R)[Prog(R) \to Fe(R)].$$

Dies aber stimmt mit der vorhin angegebenen Formel überein, da, wie früher schon erwähnt (§ 3.5), $Pe(R)$ und $Prog(R)$ äquivalent sind.

Wir kehren zu unserem Axiomensystem fP zurück und setzen, unserer früheren Überlegung (§ 3.8[17]) entsprechend: $gP =_{Df} hP \& fer$, also in Worten: „P hat drei Glieder, und keine Progression hat ein Fermatsches Quadrupel". Dies ist eine inbezug auf unser endliches Axiomensystem fP unentschiedene Aussagefunktion. Wie schon gesagt, ist die Konjunktionsform unwesentlich, und die Zusammenhangslosigkeit zwischen den beiden Konjunktionsgliedern besteht nur scheinbar. Wir können ja auch so formulieren: „P hat drei Glieder (und kein anderes) von der Art, daß keine Progression, in der sie vorkommen, ein Fermatsches Gliederquadrupel besitzt". Diese Aussagefunktion, die in ihrer Formulierung die Konjunktionsform und das Auseinanderfallen in zwei scheinbar zusammenhanglose Teile vermeidet, ist äquivalent mit

---

[17][Am Anfang dieses Paragraphen.]

der vorher genannten. Daher *kann* auch *sie inbezug auf unser endliches Axiomensystem nicht entschieden werden, solange die Fermatsche Frage unentschieden ist.*

Carnaps Arbeitsplan für Teil II der *Untersuchungen*

Die Untersuchungen zur allgemeinen Axiomatik *enden mit Kapitel 3 (III in Carnaps Notation), der These der Äquivalenz der drei Vollständigkeitsbegriffe Monomorphie, Gabelbarkeit und Entscheidungsdefinitheit. Der Teil II der* Untersuchungen *eröffnet mit Kapitel IV, in dem es um eine Klassifizierung der Weisen, in denen die Monomorphie eines Axiomensystems erzwungen werden kann, gehen sollte. Um einen Eindruck der Gesamtanlage des Projekts der* Untersuchungen *zu vermitteln, drucken wir im folgenden den Arbeitsplan Carnaps für den vorgesehenen, aber nicht ausgeführten Teil II ab (nach RC 081-01-02). Erläuterungen dazu findet der Leser in unserer Einleitung (Seite 47f.).*

[Hrsg.]

IV. Maximal- und Minimalaxiome

Teilmodell. Maximalmodell, Minimalmodell. Minimalmodellaxiom; Beispiel: Fraenkels Beschränktheitsaxiom. Maximalmodellaxiom; Beispiel: Hilberts Vollständigkeitsaxiom.
    Teilige, unteilige Strukturen. Teilstruktur. Teilstruktur-Bild eines Axiomensystems; isolierte Strukturen, Anfangs-, End-Strukturen.
    Maximal-Struktur, Minimal-Struktur eines Axiomensystems. Minimalstrukturaxiom. Maximalstrukturaxiom; Beispiel: Peanos Induktionsaxiom (Erörterung der möglichen Strukturen.)

Strukturzahlen:
für Minimalmodellaxiom: $i_u + a_u$
für Maximalmodellaxiom: $i_u + e_u$
für Minimalstrukturaxiom: $i + a$
für Maximalstrukturaxiom: $i + e$

Erzielung der Monomorphie durch eines der vier Axiome.

V. Existenzaxiome; Erreichbarkeitsaxiome

Unbedingte, bedingte Existenzaxiome. Eliminierung eines Grundbegriffs durch Existenzaxiome; Problem: wann zweckmäßig?

Die Grundindividuen. Kennzeichenbarkeit. Homotop - heterotop. Eliminierung heteroper und homotoper Grundindividuen.

Erreichbarkeitsaxiome, auf Grund von Existenzaxiomen und Operationen. Beispiele:

1. Peanos Induktionsaxiom;

2. Fraenkels Beschränktheitsaxiom. Folge für die Mächtigkeit des Systems.

VI. Zur Axiomatisierung von Theorien der Grunddisziplin

Allgemeine Schwierigkeiten; Zweideutigkeit der Termini und Sätze.

1. Zur Axiomatisierung der *Arithmetik*. Die logische Arithmetik (a) Progressionen, b) Russellsche Zahlen); die axiomatische Arithmetik (Peanosche Zahlen). Verhältnis der beiden.

2. Zur Axiomatisierung der *Mengenlehre*. Logische und axiomatische „Gleichmächtigkeit"; logische und axiomatische Mächtigkeiten. Die „scheinbare" Ungleichmächtigkeit; „scheinbare" höhere Mächtigkeit. Das Problem des Hinausgehens über das Abzählbare.

3. Zur Axiomatisierung der *Logik* (i.e.S.). Zwei Wege der Bestätigung eines logischen Satzes:

   (a) Deduktion aus „Grundsätzen";

   (b) direkte Prüfung (bei finiter Logik: Schema der Wahrheitswerte; für die infinite Logik: Entscheidungsmethode, noch nicht bekannt). Hilberts Formalisierung („Widerspiel").

Literaturverzeichnis

AWODEY, STEVE und CARUS, A. W. 1998. Carnap, Completeness, and Categoricity: The Gabelbarkeitssatz of 1928. Technischer Bericht, CMU-PHIL 92, Carnegie Mellon University, Pittsburgh.

BEHMANN, HEINRICH, Beiträge zur Algebra der Logik, insbesondere zum Entscheidungsproblem. *Mathematische Annalen* 86 (1922), 163–229.

BEHMANN*, HEINRICH. 1927. *Mathematik und Logik*, Band 71 von *Mathematisch-physikalische Bibliothek*. Leipzig und Berlin.

BELL, DAVID und VOSSENKUHL, W. (Hg.). 1992. *Science and Subjectivity: The Vienna Circle and Twentieth Century Philosophy*. Berlin: Akademie Verlag.

BERNAYS, PAUL, Untersuchung des Aussagenkalküls der Principia mathematica. *Mathematische Zeitschrift* 25 (1926), 305–320.

—. 1930. *Die Philosophie der Mathematik und die Hilbertsche Beweistheorie*. In: (Bernays, 1976).

—. 1976. *Abhandlungen zur Philosophie der Mathematik*. Darmstadt: Wissenschaftliche Buchgesellschaft.

BETH, E. W. 1963. *Carnap's Views on the Advantages of Constructed Systems Over Natural Languages in the Philosophy of Science*. In: (Schilpp, 1963).

BOHNERT, HERBERT. 1975. *Carnap's Logicism*. In: (Hintikka, 1975).

BOOLOS, GEORGE. 1998. *Logic, Logic, and Logic*. Harvard: Harvard University Press.

CARNAP, RUDOLF, Eigentliche und Uneigentliche Begriffe. *Symposion* 1 (1927), 355–374.

—. 1929. *Abriss der Logistik*. Wien: Springer.

—, Bericht über Untersuchungen zur allgemeinen Axiomatik. *Erkenntnis* 1 (1930a), 303–310.

—, Die alte und die neue Logik. *Erkenntnis* 1 (1930b), 12–26.

—, Die Mathematik als Zweig der Logik. *Blätter für deutsche Philosophie* 4 (1930c), 298–310.

—, Die logizistische Grundlegung der Mathematik. *Erkenntnis* 2 (1931), 91–105.

—, Die Antinomien und die Unvollständigkeit der Mathematik. *Monatshefte für Mathematik und Physik* 41 (1934a), 263–284.

—. 1934b. *Logische Syntax der Sprache*. Wien: Springer.

—, Ein Gültigkeitskriterium für die Sätze der klassischen Mathematik. *Monatshefte für Mathematik und Physik* 42 (1935), 163–190.

—, Truth in Mathematics and Logics. *Journal of Symbolic Logic* 1 (1936), 59.

—, Foundations of Logic and Mathematics. *International Encyclopedia of Unified Science* 1 (1939), 143–213.

—. 1960. *Symbolische Logik*. 2. Auflage. Wien: Springer.

—. 1961. *Der Logische Aufbau der Welt*. 2. Auflage. Hamburg: Felix Meiner.

—. 1963. *Intellectual Autobiography*, S. 3–84. In: (Schilpp, 1963).

—. 1993. *Mein Weg in die Philosophie*. Stuttgart: Reclam. Übersetzung der *Intellectual Autobiography* (1963) von W. Hochkeppel.

CARNAP, RUDOLF und BACHMANN, FRIEDRICH, Über Extremalaxiome. *Erkenntnis* 6 (1936), 166–188.

CHURCH, ALONZO. 1962. *Mathematics and Logic*. In: (Nagel et al., 1962).

CLARK, PETER und HALE, BOB (Hg.). 1994. *Reading Putnam*. Oxford: Blackwell.

COFFA, J. ALBERTO. 1991. *The Semantic Tradition from Kant to Carnap*. Cambridge: Cambridge University Press.

CORCORAN, J. (Hg.). 1983. *Logic, Semantics, and Metamathematics. Papers from 1923 to 1938 by Alfred Tarski*. 2. Auflage. Indianapolis: Hackett. Übersetzer: J. H. Woodger.

DREBEN, BURTON und VAN HEIJENOORT, JEAN. 1986. *Introductory note*, S. 44 – 59. In: (Feferman et al., 1986).

FEFERMAN, SALOMON, DAWSON, JOHN W., KLEENE, STEPHEN C., MOORE, GREGORY H., SOLOVAY, ROBERT M. und VAN HEIJENOORT, JEAN (Hg.). 1986. *Kurt Gödel: Collected Works. Publications 1929 - 1936. Volume 1*. Oxford: Oxford University Press.

FEFERMAN, SALOMON, DAWSON, JOHN W., GOLDFARB, W., PARSONS, C. und SOLOVAY, R. (Hg.). 1995. *Kurt Gödel: Collected Works. Unpublished essays and lectures. Volume 3*. Oxford: Oxford University Press.

FEIGL, HERBERT. 1975. *Hommage to Rudolf Carnap*, S. xiii–xvii. In: (Hintikka, 1975).

FRAENKEL, ABRAHAM und BAR-HILLEL, YEHOSHUA. 1958. *Foundations of Set Theory*. Amsterdam: North-Holland.

FRAENKEL, ADOLF. 1928. *Einleitung in die Mengenlehre*. 3 Auflage. Berlin: Springer.

—, Die heutigen Gegensätze in der Grundlegung der Mathematik. *Erkenntnis* 1 (1930), 286 – 302.

FREGE, GOTTLOB. 1962. *Grundgesetze der Arithmetik. Begriffsschriftlich abgeleitet*. 2. Auflage. Hildesheim: G.Olms. Nachdruck der Erstausgabe von Band I (Jena 1893) und II (1903).

—, Vorlesungen über Begriffsschrift. *History and Philosophy of Logic* 17 (1996), 1–48. Mitschriften zweier Vorlesungen Freges von 1910/11 und 1913 verfaßt von R. Carnap, hg. v. G. Gabriel.

FRIEDMAN, MICHAEL. 1997. *Carnap and Wittgenstein's Tractatus*. In: (Tait, 1997).

GIERE, RICHARD N. und RICHARDSON, A. W. (Hg.). 1996. *Origins of Logical Empiricism. Minnesota Studies in the Philosophy of Science*. Minneapolis, MN: University of Minnesota Press.

GÖDEL, KURT. 1929. *Über die Vollständigkeit des Logikkalküls*, S. 60 – 100. In: (Feferman et al., 1986).

—. 1930. *Die Vollständigkeit der Axiome des logischen Funktionenkalküls*, S. 102 – 122. In: (Feferman et al., 1986).

—. 1931. *Über formal unentscheidbare Sätze der Principia Mathematica und verwandter Systeme I*, S. 144 – 194. In: (Feferman et al., 1986).

—. 1944. *Russell's mathematical logic*. In: (Schilpp, 1944).

GOLDFARB, WARREN und RICKETTS, THOMAS. 1992. *Carnap and the Philosophy of Mathematics*, S. 61–78. In: (Bell und Vossenkuhl, 1992).

GOMBOSZ, WOLFGANG L., RUTTE, H. und SAUER, W. (Hg.). 1989. *Traditionen und Perspektiven der Analytischen Philosophie. Festschrift für R. Haller*. Wien: Hölder-Pichler-Tempsky.

HEYTING, AREND. 1960. *After 30 years*, S. 194–197. In: (Nagel et al., 1962).

HILBERT, DAVID und ACKERMANN, WILHELM. 1928. *Grundzüge der theoretischen Logik*. Berlin: Julius Springer.

HILBERT, DAVID und BERNAYS, PAUL. 1934. *Grundlagen der Mathematik*. Berlin: Julius Springer. Published and distributed by AAPC Licence A-232, 1944.

HINTIKKA, JAAKO (Hg.). 1975. *Rudolf Carnap, logical empiricist*. Boston: D. Reidel.

—. 1996. *From Dedekind to Gödel. Essays on the Development of the Foundations of Mathematics*. Boston: D. Reidel.

HOWARD, DON. 1996. *Relativity, Eindeutigkeit, and Monomorphism: Rudolf Carnap and the Development of the Categoricity Concept in Formal Semantics*. In: (Giere und Richardson, 1996).

HUNTINGTON*, EDWARD V., A set of postulates for abstract geometry. *Mathematische Annalen* 73 (1913), 522 – 599.

HUSSERL*, EDMUND. 1913. *Logische Untersuchungen. Band 1*. 2. Auflage. Halle a. Saar: M. Niemeyer.

KAUFMANN, FELIX. 1930. *Das Unendliche in der Mathematik und seine Ausschaltung*. Leipzig und Wien: F. Deuticke.

LEE, DESMOND und AMBROSE, ALICE (Hg.). 1989. *Ludwig Wittgenstein. Vorlesungen 1930 - 1935*. Frankfurt a. M.: Suhrkamp.

MELLOR, D. H. (Hg.). 1990. *Ramsey: Philosophical Papers*. Cambridge: Cambridge University Press.

NAGEL, ERNEST, SUPPES, PATRICK und TARSKI, ALFRED (Hg.). 1962. *Logic, Methodology and Philosophy of Science*. Stanford: Stanford University Press.

PUTNAM, HILARY. 1967. *The thesis that mathematics is logic*. In: (Putnam, 1979).

—. 1979. *Mathematics, Matter and Method*. Cambridge: Cambridge University Press.

QUINE, WILLARD V. 1994. *Comment on N. Tennant's „Carnap and Quine"*. In: (Salmon und Wolters, 1994).

RAMSEY, FRANK P. 1927. *The Foundations of Mathematics*. In: (Mellor, 1990).

REICHENBACH, HANS. 1928. *Philosophie der Raum-Zeit-Lehre*. Berlin: de Gruyter.

RICKETTS, THOMAS. 1994. *Carnap's Principle of Tolerance, Empiricism, and Conventionalism*. In: (Clark und Hale, 1994).

—. 1996. *Carnap: From Logical Syntax to Semantics*. In: (Giere und Richardson, 1996).

RUSSELL*, BERTRAND. 1903. *Principles of Mathematics*. London: G. Allen and Unwin.

RUSSELL, BERTRAND, Mathematical logic as based on the theory of types. *American Journal of Mathematics* 30 (1908), 222–262.

—. 1996. *Principles of Mathematics*. 2. Auflage. New York: W.W.Norton. Nachdruck der 2. Auflage London 1937.

—. 1998. *Introduction to Mathematical Philosophy*. London: Routledge. Nachdruck der Erstausgabe von 1919.

RUSSELL, BERTRAND und WHITEHEAD, ALFRED N. 1910. *Principia Mathematica*, Band 1. Cambridge: Cambridge University Press.

—. 1912. *Principia Mathematica*, Band 2. Cambridge: Cambridge University Press.

—. 1913. *Principia Mathematica*, Band 3. Cambridge: Cambridge University Press.

—. 1925. *Principia Mathematica*, Band 1. 2. Auflage. Cambridge: Cambridge University Press.

SALMON, WESLEY und WOLTERS, GEREON (Hg.). 1994. *Logic, Language, and the Structure of Scientific Theories*. Pittsburgh: University of Pittsburgh Press.

SAUER, WERNER. 1989. *Carnap 1928 - 1932*, S. 173 – 186. In: (Gombosz et al., 1989).

SCHILPP, PAUL A. (Hg.). 1944. *The Philosophy of Betrand Russell*. La Salle, Ill., London: Open Court.

—. 1963. *The Philosophy of Rudolf Carnap*. La Salle, Ill., London: Open Court.

SCHILPP, PAUL A. und HAHN, LEWIS E. (Hg.). 1986. *The Philosophy of W. V. Quine*. La Salle, Ill., London: Open Court.

SCHLICK, MORITZ. 1925. *Allgemeine Erkenntnislehre*. 2. Auflage. Wien: Springer.

SCHMETTERER, L. und SIGMUND, K. (Hg.). 1997. *Hans Hahn. Gesammelte Abhandlungen*, Band 3. Wien: Springer.

SIEG, WILFRIED, Hilbert's Programs: 1927 - 1932. *The Bulletin of Symbolic Logic* (1999). Im Druck.

STADLER, FRIEDRICH. 1997. *Studien zum Wiener Kreis*. Frankfurt a. M.: Suhrkamp.

TAIT, WILLIAM W. (Hg.). 1997. *Early Analytic Philosophy. Frege, Russell, Wittgenstein. Essays in Honour of L. Linsky*. Chicago: Open Court.

TARSKI, ALFRED. 1930. *Fundamental concepts of the methodology of the deductive sciences*, Kapitel V, S. 60–109. In: (Corcoran, 1983). Zuerst erschienen als „Fundamentale Begriffe der Methodologie der deduktiven Wissenschaften. I" in *Monatshefte für Mathematik und Physik*, Bd. 37, 361 - 404.

—. 1936. *On the concept of logical consequence*, Kapitel XVI, S. 409–420. In: (Corcoran, 1983). Zuerst erschienen als „O pojciu wynikania logicznego" in *Przeglad Filozoficzny*, Bd. 39, 58 - 68.

TARSKI, ALFRED und LINDENBAUM, A. 1934-5. *On the limitations of the means of expression of deductive theories*, Kapitel XIII, S. 384–392. In: (Corcoran, 1983). Zuerst erschienen als „Über die Beschränktheit der Ausdrucksmittel deduktiver Theorien" in *Ergebnisse eines mathematischen Kolloquiums*, fascicule 7, 15 - 22.

VEBLEN*, OSWALD, A system of axioms for geometry. *Transactions of the American Mathematical Society* 5 (1904), 343 – 384.

WAISMANN, FRIEDRICH. 1936. *Einführung in das mathematische Denken*. Wien: Gerold.

WANG, HAO. 1984. *Quine's Logical Ideas in Historical Perspective*, S. 623 – 643. In: (Schilpp und Hahn, 1986).

—. 1987. *Reflections on Kurt Gödel*. Cambridge, Mass.: MIT Press.

WEYL*, HERMANN. 1926. *Philosophie der Mathematik und Naturwissenschaft*. München: R.Oldenbourg Verlag. In: *Handbuch der Philosophie* Abt. II A, hg. v. A. Baeumler und M. Schröter.

WEYL, HERMANN. 1948. *Philosophie der Mathematik und Naturwissenschaft*. München: Leibniz Verlag. Zweite, unveränderte Auflage hg. v. M. Schröder.

WITTGENSTEIN, LUDWIG. 1989. *Logisch-philosophische Abhandlung*. Frankfurt a. M.: Suhrkamp. 1921 erschienen in den *Annalen der Natur- und Kulturphilosophie*, Bd. 14. S. 185-262. Kritische Edition hg. v. B. McGuiness und J. Schulte.

Personen- und Sachregister

absolut, 60, 61, 79, 81, 82, 135, 140, 142
analytisch, 7, 8, 38, 39
Arithmetik, 140–142
Aussagefunktion, 2, 37, 88–91, 149
Aussagenkalkül, 101
Axiomensystem, 88, 90, 92, 93, 95, 100, 149
    euklidische Geometrie, 93
    geometrisches, 101
    Hilbertsches, 87, 141
    Mengenlehre, 10, 15, 33, 36, 47, 93, 155
    monomorph, 18, 19, 41, 138
    Peano, 89, 139–141
    umfangsgleiches, 97
    widerspruchsfrei, 100

Eigenschaft
    unwesentliche, 95
    wesentliche, 95, 97
entscheidungsdefinit, 13, 18, 19, 45, 46, 128, 142, 144, 145
    k-entscheidungsdefinit, 22, 44, 45, 128, 144, 145, 148

Entscheidungsproblem, 39, 46, 146, 149, 155
    der Logik, 146–148
erfüllt, 66, 74, 90, 96, 97, 100, 101, 128–130, 132, 141
    a-erfüllt, 97
    k-erfüllt, 97, 100, 101, 130
Erreichbarkeitsaxiom, 154

Fermat, P. de, 140, 151
Folgerung, 16, 38, 91
Fraenkel, A., 12, 20, 26, 33, 42, 63, 128, 149, 153
Frege, G., 1, 8, 11, 23, 29, 30, 61
Fremdbegriff, 90
Funktionenkalkül, 18, 35, 101

gabelbar, 90, 131, 137
    a-gabelbar, 135
    k-gabelbar, 135
Gabelbarkeitssatz, 21, 26, 43, 133, 137
Geometrie, 87, 93, 141
Grundauffassung, 50, 149
Grundbegriff, 87, 89, 139
Grunddisziplin, 15, 21, 34, 35, 61, 78, 93, 94, 150, 154
Grundindividuum, 89, 154
Grundrelation, 89–91

Grundzeichen, 91
Gödel, K., 9, 13, 17, 22, 25, 32, 39, 40, 45, 46

Hilbert, D., 5, 7, 11, 12, 16, 25, 27, 34, 39, 48, 92, 98, 101, 153, 155
  Deduktionsregeln, 92

Implikationsaussage, 14, 92, 93, 95, 149
Isomorphie, 18, 40–42, 102, 105, 109–112, 114–116, 121, 124, 129, 138

Konstante
  logische, 93
  nichtlogische, 89, 93
konstruktivistisch, 21, 28, 29, 31, 78, 82, 84, 135, 140–143

leer, 96, 97, 140
  k-leer, 99
Lehrsatz, 37–39, 87, 91, 93

Maximalaxiom, 49, 153
Mengen, 1, 2, 7, 17, 32, 33, 36, 47, 51, 59–63, 155
Minimalaxiom, 49, 153
Modell, 16, 17, 31, 37, 38, 47, 49, 93–96, 98, 101, 137, 138, 150, 153
  arithmetisches, 98
  formales, 94

monomorph, 17, 18, 41, 90, 127, 128, 144, 145
  k-monomorph, 138

nichtgabelbar, 43, 132, 144

polymorph, 20, 41, 128, 137
Progression, 140, 151

Ramsey, F.P., 3, 5, 17
Realbegriffe, 89
Realisationen, 16, 37, 93, 96
Relationstheorie, 151
Russell, B., 4–8, 11, 13, 28, 39, 61, 63, 70, 139, 140, 154

Struktur, 49, 102, 121
Strukturzahl, 128, 154
Stufe, 3, 41, 68, 70, 74, 106, 133

Tarski, A., 14, 19, 21, 26, 41–45
Typus, 2, 49, 70, 95, 106, 118

verträglich, 90, 103, 130–132
  k-verträglich, 130
Vollständigkeit, 35, 40, 44, 127

Waismann, F., 6, 7
Weyl, H., 5, 9, 16, 18, 19, 30, 40, 65, 81, 128, 147, 149
widerspruchsfrei, 90, 97, 101, 130
widerspruchsvoll, 97, 101, 141
  k-widerspruchsvoll, 99, 141
Wittgenstein, L., 5, 8, 10, 24